Allegria

Die Autorin

Micheline Rampe war Rundfunk- und Fernsehjournalistin und erfolgreiche Sachbuchlektorin, bevor sie 1999 ihre Praxis für Coaching in Hamburg eröffnete. Als Heilpraktikerin/Psychotherapie und M.E.T.-Therapeutin® nutzt sie vor allem ressourcenorientierte Therapien. Micheline Rampe hat bereits mehrere Sachbücher veröffentlicht. Sie lebt und arbeitet in Hamburg. Weitere Informationen: *www.MichelineRampe.de*

MICHELINE RAMPE

Aufräumen im Kopf

Mit Meditation und Meridian-Klopfen zur inneren Klarheit

Ullstein

Besuchen Sie uns im Internet
www.ullstein-taschenbuch.de

Allegria im Ullstein Taschenbuch
Herausgegeben von Michael Görden

Umwelthinweis:
Dieses Buch wurde auf
chlor- und säurefreiem Papier gedruckt.

Ullstein Taschenbuch ist ein Verlag
der Ullstein Buchverlage GmbH
Neuausgabe im Ullstein Taschenbuch
1. Auflage August 2009

Umschlaggestaltung: FranklDesign, München
Titelabbildung: Hildegard Morian/
www.moriandesign.de
Gesetzt aus der Baskerville
Satz: Keller & Keller GbR
Druck und Bindearbeiten:
GGP Media GmbH, Pößneck
Printed in Germany
ISBN 978-3-548-74463-6

Inhaltsverzeichnis

Achtung!

Mit Meridian-Techniken lassen sich oft innerhalb kurzer Zeit erstaunliche Resultate erzielen. Ich möchte jedoch ausdrücklich darauf hinweisen, dass ich weder Heilsversprechen mache noch Diagnosen stelle. Diese Methoden sind kein Ersatz für eine medizinische oder psychotherapeutische Behandlung. Falls Sie sich in einer Behandlung befinden, empfehle ich Ihnen eine Rücksprache mit dem behandelnden Arzt/Psychologen.

Die Teetasse

Ein Philosophieprofessor ging in die Berge, um einen alten Mann aufzusuchen, von dessen Weisheit er schon viel gehört hatte. Ruhelos wanderte der Professor vor der Hütte des Weisen auf und ab, bis er endlich eingelassen wurde. Kaum war er über die Schwelle getreten, sprudelte er schon seine Fragen aufgeregt heraus.

Ohne darauf einzugehen, erkundigte sich der Weise nach einiger Zeit: »Möchtest du Tee?« Obwohl er sich über die Unterbrechung ärgerte, musste der Professor das Angebot aus Höflichkeit akzeptieren. Und so verschwand der Weise für eine Weile.

Als er mit dem Tee zurückkam, begann er dem Professor einzuschenken. Ohne weiter darauf zu achten, was sein Gegenüber tat, redete der Professor sofort wieder auf ihn ein. Doch plötzlich rief er: »Pass auf!« Der Tee war übergelaufen. »Siehst du denn nicht, dass die Tasse voll ist?«

»Das«, sagte der Weise, »ist deine Situation. Du kommst her, um von mir zu lernen. Aber deine Tasse ist so voll, dass es keinen Platz für meine Antworten gibt.«

Ein Geist, zum Überlaufen voll mit ungeordneten Informationen – das ist die Situation der meisten Menschen. Lähmende Gedanken wegen unerledigter Arbeiten, diffuse Ängste, vage Ziele, Schuldgefühle, ungeklärte Verantwortlichkeiten, einschränkende Glaubenssätze, Probleme in Beziehungen, nebulöse Zukunftsvisionen und so weiter und so weiter. Unser Kopf gleicht einem voll gestopften Speicher, bei dem wir völlig die Übersicht verloren haben.

Als Rettung gibt es nur eins: bewusste Selbsterkenntnis.

Aufräumen beginnt mit Selbsterkenntnis.
Selbsterkenntnis heißt: Ich werde mir klar über mich, mein Leben, meine Ziele und die damit verbundenen Probleme. Alle Religionen und spirituellen Gemeinschaften bieten Techniken an, die die Selbstbeobachtung schulen. Einige werde ich Ihnen vorstellen, denn je klarer die Selbsterkenntnis ist, umso leichter lässt sich das Chaos im Kopf auflösen.

Ein klarer Kopf ist ein kluger Kopf.
Solange im Kopf ein großes Durcheinander herrscht, sieht man nicht klar und kann nicht angemessen entscheiden. Erst wenn der Mensch Raum schafft, Blockaden auflöst und die Gedanken bewusst in geordneten Bahnen laufen lässt, ist er Herr in seinem geistigen Haus und kann die Situation angemessen behandeln. Die Energie fließt wieder frei, es entstehen eine größere Übersichtlichkeit und Platz für Neues. Damit sich dieser freie Fluss der Energie leichter Bahn bricht, kann man zur Ergänzung der Selbsterkenntnis noch eine weitere Technik anwenden, die die erkannten Probleme und Blockaden auflöst.

Freude ist ein Anzeichen dafür, dass die Energie optimal fließt. Das Meridian-Klopfen ist das Handwerkszeug, um diesen optimalen Fluss der Energie herzustellen.
Die Energetische Psychologie hat herausgefunden, dass die Ursache für jedes negative Gefühl eine Störung im Energiefluss ist. Negative Gefühle geistern nicht nur durch den Kopf, sondern auch durch den Körper. Schicksalsschläge, schwierige Lebensumstände, Mobbing, Trennungen, Berufswechsel, Einsamkeit, Krankheiten, Sorgen und Stress verursachen Störungen, die einer Bildstörung im Fernsehen entsprechen: Schlangenlinien, Flimmern, Nebel. Die Sendefähigkeit ist blockiert, der normale Fluss der Energie ist

unterbrochen. Bei negativen Gefühlen und Stress herrscht im menschlichen Körper eine ähnlich große Unordnung. Selbstverständliche Funktionsabläufe sind behindert und bei steigender Anspannung wird es immer schwieriger, die eigenen Fähigkeiten optimal einzusetzen. Die Folgen sind Erschöpfung, Mutlosigkeit, Konzentrationsmangel, Unachtsamkeit, Aggressionen, Ängste und Minderwertigkeitsgefühle. Diesen unguten Kreislauf unterbricht das Klopfen der Meridiane. Die Blockierung der Energie wird aufgelöst und durch den ungehinderten Energiefluss werden Selbstbewusstsein, Kraft und Lebensfreude freigelegt.

Durch die Konzentration auf die auslösenden Stressfaktoren und die gleichzeitige Aktivierung der Meridiane werden negative Gefühle aufgelöst.

Meridian-Techniken sind eine sanfte Variante der Akupunktur – bereichert um Wissen aus Psychologie und Neurowissenschaften. Zu Anfang jeder Sitzung wird das belastende Thema herausgearbeitet, in einem Kernsatz formuliert und dann durch das Klopfen bestimmter Punkte aufgelöst. In nur wenigen Stunden können alte Konflikte bereinigt und neue Ziele angesteuert werden. Doch schon die erste Behandlung bringt direkt spürbare Veränderungen, denn dieser direkte Einfluss auf Körper und Geist zeigt sofortige Erfolge. Die Meridian-Techniken sind die idealen Instrumente, um das Chaos im Kopf in den Griff zu bekommen.

Zehn Bereiche, in denen das Meridian-Klopfen besonders wirksam ist:

- Ängste besiegen
- Wut kanalisieren
- Erschöpfung überwinden
- Ärger hinter sich lassen
- Enttäuschungen auflösen
- Negative Glaubenssätze entlarven
- Selbstwert stärken
- Verzeihen lernen
- Ziele finden
- Ungelöste Konflikte bereinigen

Das Meridian-Klopfen eignet sich optimal zur Selbstbehandlung.

Jeder Leser kann durch die genauen Anleitungen und die zahlreichen Fallbeispiele sofort selbst mit dem Klopfen anfangen. Damit ist er in der Lage, seine Angelegenheiten schon bei der Lektüre selbstständig anzugehen und zu klären.

Beim Lesen dieses Buches lernen Sie vieles über sich selbst, über Ihre Art, zu denken und die Welt zu sehen. Wenn Sie die hier vorgestellten Techniken anwenden, werden Sie sehr bald merken, wie sich Ihr Leben nach und nach ordnet.

Während Sie sich selbst beobachten, werden Sie herausfinden, wie Sie »ticken«, und dann ist es Ihnen möglich, nach und nach in Ihrem Kopf aufzuräumen. Sie befreien sich von behindernden Ängsten, überflüssigen Sorgen, emotionalen Verletzungen und einem negativen Selbstbild. Bald werden Sie das Gefühl haben, dass ein frischer, klarer Wind bei Ihnen weht, der alte Lasten entschlossen fortträgt.

Dabei erkennen Sie immer deutlicher, was Sie sich wirklich wünschen und was Sie brauchen, um Ihre Vorstellung von Glück und Lebensfreude zu verwirklichen. Sie werden Ihr Selbstbewusstsein stärken und eine Reihe von wichtigen Entscheidungen treffen: Wie wollen Sie wirklich leben? Was wollen Sie arbeiten? Wen wollen Sie gern um sich haben? Was haben Sie sich immer schon gewünscht, das jetzt endlich erfüllt werden kann? Was soll die Zukunft Ihnen bringen?

Mit den verschiedenen Meridian-Techniken aktivieren Sie ungeahnte Selbstheilungskräfte. Sehr bald werden Sie viele Ängste und das Gefühl von Hilflosigkeit überwinden und sich mutig aufmachen, um neue Ufer zu erobern.

Sie werden sehen, das alles geht viel leichter, als Sie denken. Ich werde es so erklären, dass Sie es mühelos nachvollziehen können. Dieses Buch will zunächst Ihre Aufmerksamkeit dafür schulen, wie Sie mit sich und Ihrem Chaos im Kopf umgehen, und Sie dann durch eine Vielzahl von Fragen, durch kleine Übungen und Fallbeispiele immer wieder anregen, Ihr eigenes Verhalten zu beobachten und die erkannten Probleme durch das Meridian-Klopfen aufzulösen.

Je mehr wir uns über unsere Ziele und Verhaltensmuster klar werden, umso freier werden wir in unseren Entscheidungen, umso selbstbestimmter in unserem Handeln, umso glücklicher in unserem Alltag. Wer bewusster leben, sich besser gegen die Unwägbarkeiten des Lebens wappnen und glücklicher werden möchte, hat gute Chancen und viel zu tun.

1. *Aufräumen beginnt im Kopf*

Aufräumen ist …

Kamele

Ein Sufi-Meister ritt mit seinem Schüler durch die Wüste. Als sie bei Einbruch der Dunkelheit auf eine Karawanserei stießen, beschlossen sie, dort zu übernachten. Der Meister trug seinem Schüler auf, sich um die Kamele zu kümmern, und ging schlafen.

Am nächsten Morgen waren die Kamele verschwunden, denn der Schüler hatte sie nicht angebunden.

»Warum hast du die Kamele nicht angebunden?«, fragte der Meister seinen Schüler.

»Du hast mich doch gelehrt«, antwortete der, »dass ich auf Allah vertrauen soll. Also dachte ich, dass Allah sich schon um mich und um die Kamele kümmern wird.«

Darauf antwortete der Meister: »Allah kümmert sich nur um dich, wenn du dein Kamel anbindest.«

Vertrauen in Gott oder ein freundliches Universum ist etwas Wunderbares, aber im Leben ist es wie in der obigen Geschichte: Man muss sich auch selbst darum kümmern, wenn sich das Leben günstig entwickeln soll.

Um sein Leben in Ordnung zu bringen, sollte man zuerst eine Bestandsaufnahme machen. Die beginnt mit der Frage: Wer bin ich und was will ich? Häufig weiß man nur, dass man sich irgendwie verändern will, weil die jetzige Situation unbefriedigend ist. Doch für einen wirklichen Neuanfang braucht man Klarheit über sich selbst. Wie stehe ich zu mir selbst? Liebe und akzeptiere ich mich so, wie ich bin? Bin ich in der Opferrolle oder übernehme ich Verantwortung für das, was ich tue? Weiß ich, was ich will? Weiß ich, wie ich dahin komme? Welche Menschen sind die richtige Begleitung auf meinem Weg? Fragen über Fragen, mit denen wir uns in diesem Buch befassen werden.

Am einfachsten ist es, wenn Sie zu Beginn Ihre Situation betrachten wie den geplanten Umbau eines Hauses. Ihres inneren Hauses. Bevor Sie sich für etwas entscheiden können, brauchen Sie einen Überblick. Sie möchten gern einen Wintergarten und eine Fußbodenheizung, dafür halten Sie den Geräteschuppen für überflüssig und das Schlafzimmer braucht eine neue Farbe. Bevor Sie sich endgültig entscheiden, informieren Sie sich über die Kosten und schätzen den realen Nutzen dessen ein, was Sie planen. Und erst wenn Sie genau wissen, was Sie wollen, und alle Faktoren berücksichtigt haben, können Sie eine gute Entscheidung treffen. Jeder bewussten Veränderung geht eine Menge unterschiedlicher Überlegungen voraus, die eine Folge von weiteren Entscheidungen nach sich zieht. So ist es auch bei der Herstellung von Ordnung in Ihrem inneren Haus. Bevor man anfängt, braucht man Klarheit über die wesentlichen Elemente. Um dieses Fundament sicher zu installieren, habe ich das Aufräumen im Kopf auf die Säulen gestellt, die unsere Resilienz ausmachen. Resilienz ist der Oberbegriff für die Fähigkeit, sich trotz widriger Umstände, trotz Niederlagen, Kümmernissen und Krankheiten immer wieder zu fangen und sich von Krisen zu erholen.[1] Stellen Sie sich vor, dass die eigene Resilienz wie ein Haus ist, das auf sieben Säulen ruht. Es beschützt Sie wie eine zweite Haut vor Regengüssen, Hagel und Schnee ebenso wie vor schneidenden Winden und starken Sonnenstrahlen. Dort sind Sie sicher. Sobald Ihr Leben in Unordnung gerät, können Sie im Schutz dieses Hauses in Ruhe überlegen, wie es weitergehen soll. Diese sieben, zentralen Säulen, die ein stabiles inneres Haus tragen, sind: Selbstbewusstsein, Akzeptanz, die Fähigkeiten, sich aus der Opferrolle zu befreien und Verantwortung zu übernehmen, Offenheit für Freundschaften, Lösungsorientierung und umsichtige Zukunftsplanung. Konkret heißt das: Bevor ich äußere Aspekte meines Lebens gut ordnen kann, brauche ich ein Gefühl von Liebe und Akzeptanz für mich selbst. Darauf aufbauend, kann ich dann klarer sehen, wo ich in der Opferrolle bin, und entscheiden, welche Verantwortungen ich übernehmen muss, wer die richtigen Freunde sind, was ich mit meinem Leben anfangen will und wo es hinführen soll.

Klarheit kommt von innen

Innere und äußere Ordnung ist für mich kein starres System. Eine funktionierende Ordnung ist wie etwas Lebendiges, das ständig in Bewegung ist und sich verändern muss. Es geht beim Aufräumen des inneren Hauses nicht darum, ein vorgefasstes Ordnungssystem zu übernehmen, sondern herauszufinden, welche Vorstellungen, Gewohnheiten, Überzeugungen und Mechanismen mich einschränken und meine Entscheidungen und Handlungen negativ beeinflussen. Der Weg beginnt mit dem Wunsch, das innere Gerümpel loszuwerden, und soll Sie über die Selbsterkenntnis und das Meridian-Klopfen zu mehr Erfolg, Lebensfreude, Glück und innerer Zufriedenheit führen.

Der erste Schritt aus der inneren Unordnung und aus dem gedanklichen Chaos ist Selbsterkenntnis. Und das heißt: Aufräumen mit Vorurteilen, mit einschränkenden Glaubenssätzen, mit den vielen Irrtümern, faulen Ausreden und Lügen. Aufräumen im Kopf heißt anzufangen, all die Dinge aufzuschreiben, die in Unordnung geraten und veränderungsbedürftig sind. Eine Inventur zu Beginn bereitet den Boden für eine gewünschte Veränderung. Benennen Sie am Anfang Ihre Baustellen. Dadurch gewinnen Sie Übersicht, und allein das kann schon etwas Entspannung und mehr Lebensfreude hervorlocken.

Beispiele für Unordnung und Gerümpel im Kopf:
- das Gefühl, nicht gut genug zu sein
- Schüchternheit
- Ängste
- Eifersucht
- unklares Verhalten
- Planlosigkeit
- Ziellosigkeit
- Wut und Hass
- sich ständig wiederholende Gedanken
- einschränkende Glaubenssätze
- Verbitterung
- ständige Erschöpfung
- Konfliktscheu
- seelische Verletzungen

Selbst wenn es Ihnen nicht von Anfang an so erscheint, kann das innere Aufräumen Spaß machen, wenn man erst mal richtig in Schwung gekommen ist. Auch Sie werden das Gefühl von Befriedigung genießen, das sich nach jedem gelungenen Schritt einstellt. Nehmen Sie sich aber nicht zu viel auf einmal vor. Zu viele Baustellen schüchtern ein und lassen schnell ein Gefühl von Hilflosigkeit entstehen. Doch wenn Sie ein übersichtliches Programm langsam angehen, dann wird das Klarheitschaffen zum Selbstläufer.

Aufräumen kann eine richtige Befreiungsaktion werden und das gilt für die äußeren wie für die inneren Prozesse. Vielleicht sind Sie aus Ihrem Elternhaus ausgezogen und haben danach ein anderes Verhältnis zu Ihren Eltern aufgebaut. Oder Sie haben sich von Ihrem Freund oder Ihrer Freundin getrennt und waren danach wie befreit. Oder Sie haben einen Job gekündigt und dann plötzlich entdeckt, welche ungeahnten Talente noch in Ihnen schlummerten. Aufräumen und Veränderungen zulassen, gleichgültig, ob sie gewollt oder ungewollt sind, öffnen immer neue Perspektiven und ungewohnte Möglichkeiten zur Selbsterfahrung.

Doch für ein erfülltes und an neuen Erfahrungen reiches Leben ist nicht nur eine innere Ordnung nötig. Eine unaufgeräumte, ungeordnete Umgebung lässt den Lebensfluss stocken. Wenn man von ungewaschenen Kleidern, unerledigten Arbeiten, nicht beantworteten Briefen, zerbrochenen Objekten, unbezahlten Rechnungen, unsortierten Papieren, schmutzigem Geschirr und altem Gerümpel umgeben ist, kann sich keine Harmonie entwickeln, denn all das ist energetisch betrachtet genauso ungeordnete Energie wie die entsprechende Gedankenenergie. Aber vielleicht haben Sie ja auch immer schon Freude daran gehabt, Ihre Schränke aufzuräumen und alte Sachen auszusortieren. Dann kennen Sie sich bestens damit aus, wie es ist, Altes loszulassen und Platz für Neues zu schaffen. Ihnen ist klar, dass man nicht alles haben kann, dass man sich entscheiden muss, und wenn man Altlasten entsorgt, Platz für Neues entsteht. Damit haben Sie einen Startvorteil, denn die meisten Menschen müssen ihre Akzeptanz für diese Zusammenhänge erst durch neue Erfahrungen stärken. Dabei ist es selbstverständlich ein qualitativer Unterschied, ob Sie Ihren Kleiderschrank ausmisten oder versuchen, alte unerfreuliche Kindheitserinnerungen hinter sich zu lassen. Doch das Gemeinsame aller Aufräumaktionen ist das Befreiende, wenn man unnötigen Ballast abwirft und Platz schafft für Neues. Endlich zieht der alte Muff ab, eine klare, frische Brise weht durch die Räume und eine ungeahnte Lebendigkeit zieht ein.

Entrümpelungstipps:

- Befreien Sie sich von Kraftträubern wie dem Wunsch, es allen recht zu machen.
- Hören Sie auf, das Opfer zu spielen und sich von anderen ausnutzen zu lassen.
- Trennen Sie sich von Menschen, die Ihnen Kraft rauben und nichts zurückgeben.
- Lassen Sie einschränkende Glaubenssätze hinter sich.
- Begraben Sie die Hoffnung, dass Sie die Liebe und Aufmerksamkeit von Menschen bekommen, denen Sie schon seit Ewigkeiten hinterherlaufen.
- Machen Sie Klarschiff bei den Wünschen für die Zukunft.

Das scheint sehr schwierig zu sein. Doch mit den Meridian-Techniken bekommen Sie ein effektives Instrument in die Hand, um diese Energieräuber loszuwerden.

Wenn Sie zu den Anfängern im konsequenten Ausmisten gehören, dann konzentrieren Sie sich am besten auf einen kleinen, überschaubaren Bereich. Selbst wenn Sie das Gefühl haben, dass es in jeder Ecke brennt, beginnen kann man nur mit einem ersten Schritt. Ordnung besteht aus vielen, manchmal scheinbar kleinen Schritten, doch jeder bringt Sie näher zu Ihrem Ziel.

Die Gegenwart sehen

Ein junger Mann kam zu einem Meister und erzählte ihm begeistert von einem Reiseerlebnis aus Indien: »Im Himalaja habe ich einen weisen, alten Mann getroffen, der in die Zukunft sehen kann. Diese Kunst bringt er auch seinen Schülern bei.«

»Das kann jeder,« antwortete der Meister. »Mein Weg ist viel schwieriger.«

»Wirklich?«, fragte der junge Mann. »Wie ist Euer Weg?«

»Ich bringe den Menschen bei, die Gegenwart zu sehen.«

Die wichtigste Fertigkeit auf dem Weg zu mehr Klarheit und Lebensglück ist es, in der Gegenwart anzukommen und sich selbst so zu sehen, zu lieben und zu akzeptieren, wie man ist. Das hört sich abstrakt an, doch wer aufmerksam sich und seine Reaktionen beobachtet und sich seine inneren Dialoge bewusst macht, der lernt sich immer besser kennen. Und wer sich entdeckt, der beginnt auch, sich zu lieben. Jeder findet seinen eigenen Weg. Jeder ist anders.

Meditation als Werkzeug

Es gibt viele Wege, um sich selbst kennen zu lernen. Die wichtigsten sind die Meditation und die bewusste Selbstbeobachtung.

Selbstbeobachtung kann heißen, dass Sie sich selbst umschleichen wie ein Detektiv, der Sie und Ihre Gewohnheiten kennen lernen will. Jeder Gedanke, jeder Satz, jede Handlung und alle Gewohnheiten werden sorgfältig beäugt und so aus dem Unbewussten ins Bewusstsein gebracht. Beginnen Sie einfach damit, zu beobachten, wie Sie sich verhalten.

Verhalten Sie sich in vergleichbaren Situationen immer gleich? Welche Faktoren beeinflussen Sie, wenn Sie sich anders verhalten? Was veranlasst Sie, bei Ihrer Mutter auf eine Bemerkung ganz anders zu reagieren als auf die gleiche Bemerkung eines Menschen, in den Sie sich gerade frisch verliebt haben? Und: Verhalten Sie sich immer gleich, wenn Sie mit Ihrer Mutter zusammen sind? Oder ist das abhängig von Ihrer momentanen Stimmung? Von dem, was sonst noch in Ihrem Leben passiert? Wie Sie geschlafen haben? Ob Sie nach dem Treffen mit Ihrer Mutter noch etwas Schönes vor sich haben?

Wenn Sie sich beobachten, entdecken Sie vielleicht, dass Sie sich in vielen Situationen wie vorprogrammiert verhalten. Erleben Sie diese automatischen Reaktionen nur als Blockaden oder auch als Schutz? Bekommen Sie manchmal Lust, etwas anderes auszuprobieren? Was würde es verändern, wenn Sie sich immer bewusst wären, was Sie tun? Wäre das erstrebenswert?

Wenn Sie wollen, dass Ihr Leben selbstbestimmter, abwechslungsreicher, freier und leichter wird, wenn Sie mehr Chancen erkennen und wahrnehmen, mehr Erfolg und mehr Glück erleben wollen, dann gilt es die eigenen Muster aufmerksam zu studieren, sich eventuell daraus zu befreien und das Gehirn mit anderen Informationen zu füttern. Jeder Mensch hat das Potenzial, sich zu verändern und alte, eingefahrene Wege zu verlassen und seine Fähigkeiten zu erweitern.

Die Selbstbeobachtung ist der Schlüssel zur Selbsterkenntnis. Das sagen viele Philosophen und spirituelle Traditionen ebenso wie die kognitive Psychologie. Die Selbstbeobachtung lässt uns die Muster unseres Denkens, Fühlens und Handelns erkennen. Sobald wir uns erkennen, können wir uns bewusst verändern.

Selbstbeobachtung heißt, konzentriert und wachsam zu sein. Es ist das, was in buddhistischen Schulen auch Achtsamkeitstraining genannt wird. Achtsamkeit richtet sich auf den gegenwärtigen Moment. Wenn wir es schaffen, uns nicht ablenken zu lassen, dann werden wir zum Beobachter – zum Beobachter unseres eigenen Denkens.

Nur ein ruhendes Gewässer wird wieder klar.
Tibetisches Sprichwort

Es gibt eine Unzahl von unterschiedlichen Meditationen, aber sie lassen sich alle zwei Richtungen zuordnen. Die eine zielt vor allem auf die innere Ruhe, während uns die andere Einsichten und Selbsterkenntnis ermöglichen soll. Ich werde Ihnen beide vorstellen, weil Sie beide Orientierungen zum bewussten Aufräumen brauchen. Beide Wege unterstützen sich gegenseitig, denn immer geht es darum, den Geist ruhig werden zu lassen, damit wir mit unserer Konzentration bei einem Meditationsobjekt bleiben können. Das heißt, man bringt den Geist zur Ruhe, damit man objektiv und unbeeindruckt von der allgemeinen Unordnung die ganze Baustelle in Augenschein nehmen kann.

◆ Atemmeditation

— Setzen Sie sich aufrecht hin.
  Wichtig ist nicht, ob Sie auf einem Meditationskissen sitzen oder auf einem Stuhl, wichtig ist, dass Sie gerade sitzen und sich so organisiert haben, dass Sie für eine gewisse Zeit ungestört sind.

- Am besten stellen Sie sich eine Uhr, dann haben Sie einen klaren zeitlichen Rahmen. Es können 5 Minuten sein oder 30. Gut für die Schulung Ihrer geistigen Disziplin ist es, wenn Sie sich an das halten, was Sie sich selbst vorgegeben haben.

Der Atem bietet sich besonders darum als Meditationsobjekt an, weil er ständig fließt. Der Meditierende beobachtet nichts weiter als das Ein- und Ausströmen des Atems.

- Zählen Sie eins beim Ausatmen.
- Zählen Sie zwei beim Einatmen.
- Und weiter: Drei beim Ausatmen
- Und: Vier beim Einatmen
- Zählen Sie bis zehn, während Sie sich beim Atmen beobachten.

Am deutlichsten spüren Sie den Atem in der Nase. Stellen Sie sich vor, Sie wären der Wächter des Atems und Sie wollten jeden einzelnen Atemzug beobachten. Verfolgen Sie den Weg eines Atemzugs, bis der nächste auftaucht.
Sobald Sie merken, dass Ihre Konzentration abschweift und Gedanken auftauchen, fangen Sie wieder von vorn an zu zählen.
Lassen Sie Ihre Gedanken ziehen wie Wolken. Sie kommen und gehen. Doch jetzt spielen sie keine Rolle. Jetzt ist nur das wichtig:

- Eins beim Ausatmen.
- Zwei beim Einatmen.
- Drei beim Ausatmen...

◆

Jeder Geist hat die Neigung abzuschweifen, und auch Ihrer wird ständig versuchen, Sie mit etwas scheinbar Interessanterem abzulenken. Das ist völlig normal, lassen Sie sich deswegen nicht entmutigen. Das geduldige Beobachten Ihres Atems ist die erste Stufe auf dem Weg zur Schulung Ihrer Achtsamkeit. Diese Konzentration brauchen Sie zur Bändigung Ihres unruhigen Geistes, der immer wie ein Äffchen von Baum zu Baum springen möchte. Gönnen Sie ihm Zeit, sich an die ungewohnte Ruhe zu gewöhnen.

Je besser Ihre Achtsamkeit geschult ist, umso leichter wird Ihnen das Aufräumen fallen, denn sie wird Ihnen erlauben, das zu sehen, was wichtig ist.

Diese Atem-Meditation ist, sobald Sie etwas geübt sind, an keine Haltung, an keine Zeit und an keinen Ort mehr gebunden. Wo auch immer Sie sich aufhalten, können Sie sie ganz pragmatisch überall und zu jeder Zeit als Konzentrationsübung und auch zur Stressreduktion anwenden. Ob Sie an der roten Ampel stehen, auf den Bus warten oder in der Schlange im Supermarkt nur langsam vorankommen – immer wieder bieten sich Gelegenheiten, um den Atem zu beobachten. Niemand sieht, woran Sie denken, wenn Sie sich einfach für einen Moment auf das Ein- und Ausatmen konzentrieren. Doch schon nach einer kurzen Auszeit sind Sie in einer anderen Verfassung. Ihre Konzentration hat einen neuen Fokus, und Sie haben sich etwas Freiheit in einer geladenen Atmosphäre verschafft.

Die Beobachtung des Atems eignet sich nicht nur zur Schulung der Selbstbeobachtung, sie dient auch perfekt zur Entschärfung kritischer Augenblicke, in denen Sie im Begriff sind, den Überblick zu verlieren. Gönnen Sie sich ein paar bewusste Atemzüge, bevor Sie zu explodieren glauben. Das kann Ihnen viel Ärger ersparen.

Wenn Sie sich nicht auf Ihren Atem konzentrieren wollen, dann beobachten Sie sich beim Denken: Ihnen werden sofort Dinge einfallen, die vor Ihnen liegen. Vielleicht taucht auch etwas Unverarbeitetes aus der Vergangenheit auf, möglicherweise knüpft sich daran eine weitere Erinnerung, dann geschieht wieder ein Sprung in die Zukunft, zum Beispiel der Gedanke an einzuhaltende Verpflichtungen. Und schon meldet sich wieder die Vergangenheit mit einem schlechten Gewissen wegen unerledigter Arbeiten. Und so geht es hin und her. Was in diesem Moment, im Jetzt, passiert, entschlüpft uns bei diesem Springen zwischen Vergangenheit und Zukunft. Die Gegenwart wird nicht bewusst wahrgenommen. Wir sind normalerweise vollständig von dem absorbiert, was unser Unterbewusstsein hochspült, statt wahrzunehmen, was gerade passiert. Das wäre vielleicht nicht so schlimm, wenn wir diese Neigung des Gehirns, hin und her zu springen, nur in unangenehmen Situationen und zur Ablenkung nutzen würden. Schade ist es, dass wir das Gleiche auch in den schönsten Momenten tun. So entwischt uns eine Wiedersehensfreude ebenso wie das Glück über einen unerwarteten Anruf und die Erleichterung über eine bestandene Prüfung. Mit dieser Neigung unseres Geistes, unordentlich hin und her zu springen, bringen wir uns um das volle Auskosten der schönen Augenblicke in unserem Leben. Wir beschneiden unser Vergnügen selbst.

Achtsamkeit

Nanin war ein berühmter Zen-Meister. Seine Schüler blieben viele Jahre bei ihm, bevor sie selbst Lehrer wurden. Kusado, ein ehemaliger Schüler, besuchte Nanin einmal an einem regnerischen Tag.

Nachdem Nanin Kusado begrüßt hatte, fragte er: »Ich nehme an, dass du deine Holzschuhe im Vorraum gelassen hast. Sag mir doch, ob du deinen Regenschirm rechts oder links von den Schuhen abgestellt hast.« Kusado konnte die Frage nicht beantworten. Er erkannte, dass er seine Achtsamkeit nicht auf jeden einzelnen Moment konzentriert hatte, und beschloss, wieder als Schüler bei Nanin zu bleiben.

Sobald Sie bei der Meditation, beim Detektivspielen und beim Denken eine Beobachterposition einnehmen, sind Sie konzentriert. Sie sind nicht mehr Teil des Geschehens. Sie schauen von außen und das heißt, dass Sie sich nicht mehr mit dem, was Sie beobachten, identifizieren. Sie sind nicht mehr der Schmerz, sondern: Sie haben diesen Schmerz. Oder: Es gibt diesen Schmerz. Oder: Dort ist Schmerz. Durch die Benennung erreichen Sie eine Distanz und damit verbunden ist eine geringere Emotionalität. Das entschärft die Situation und Sie werden offen für die authentischen Gefühle, die in dieser Situation präsent sind. Offensein für den Moment und die Bereitschaft, etwas Neues auszuprobieren, werden das Maß Ihrer Veränderung bestimmen. Aufräumen steht in einem engen Zusammenhang damit, wie viel Wahrheit/Realität/Gefühl Sie erkennen, ohne wegzuschauen. Die Selbstbeobachtung hilft Ihnen herauszufinden, wie viel automatische Verhaltensweisen, unbegründete Ängste, begrenzende Glaubenssätze – kurz, wie viel inneres Gerümpel – Sie behindert. Im nächsten Schritt geht es darum, auszuprobieren, wie man sich davon befreit.

Klopfen ist …

Jeder kennt das Gefühl, mit sich und der Welt in Einklang zu sein. Alles geht leicht, harmonisch, wie von selbst. Wir sind ein Teil eines fließenden großen Ganzen. Alles stimmt. Doch jeder kennt auch das Gegenteil: den Missklang, das Unrunde, die Blockade, den Streit. Aufräumen mit Meridian-Klopfen heißt im tiefsten Grund, dass wir unsere ursprüngliche harmonische Schwingung wiederfinden. Dieser Prozess ist ein Schwingungsprozess – so, wie alles im Universum schwingt. Das Meridian-Klopfen entfernt einfach, sanft und schnell die negativen Emotionen, die sich in unserem Energiefeld gestaut haben und den freien Fluss, die freie Schwingung, unserer Energie behindern. Es lockert alte Erstarrungen auf, die eine positive Entwicklung hemmen, gleichzeitig bringt es frische Energie in verkrustete Formen und löst sie dadurch auf.

Der Ausgangspunkt jeder Anwendung von psychologisch orientierten Meridian-Techniken ist die Einstimmung auf ein Thema und die Konzentration auf das damit verbundene Gefühl: eine Spannung, eine Erinnerung, die in diesem Moment deutlich spürbar ist. Ihr Partner hat Sie zum Beispiel mit einer Bemerkung verletzt, und Sie spüren eine unbändige Wut. Auf dieses intensive Gefühl der Wut konzentrieren Sie Ihre ganze Aufmerksamkeit. Diese Ausrichtung ist so wichtig, weil man mit einem Gefühl, das man direkt in seinem Körper spürt, auch direkt in der Realität ankommt: Man verlässt seine Vorstellung und lässt sich auf das ein, was ist.
Die Konzentration auf das unmittelbar vorhandene Gefühl ist so wichtig, weil dieses Gefühl uns die Wirklichkeit spüren

lässt – nicht unsere Vorstellung davon, nicht das, was unser Denken daraus macht. Dieser Übergang vom verstandesmäßigen Erfassen zum Fühlen/Spüren ist der entscheidende Sprung vom Denken zum bewussten Wahrnehmen!

Sobald wir uns erlauben, die Realität bewusst zu erkennen und direkt zu spüren, was uns bewegt, können wir das, was uns bedrückt, auflösen und neuen Erfahrungen erlauben, in unser Leben einzutreten.

Nicht weil es schwer ist, wagen wir es nicht,
sondern weil wir es nicht wagen, ist es schwer.
Seneca

Gefühle sind zuallererst ein körperlicher Zustand, danach werden sie zu einer Wahrnehmung des Gehirns. So empfindet man zum Beispiel, wie es »warm ums Herz« wird, und dann kann man es formulieren. Beim Meridian-Klopfen sprechen wir die Gefühle aus, die wir spüren, und verstärken dadurch die Konzentration darauf. Wenn Sie ein Thema formulieren, spüren Sie genau, ob es wirklich das ist, was Sie bewegt. Sie können nur mit dem arbeiten, was Sie in diesem Moment, im Jetzt, deutlich spüren, denn man kann nur das auflösen, was man spürt! Energetisches Arbeiten und alle Techniken der psychologisch orientierten Meridian-Techniken sind auf das angewiesen, was im JETZT stattfindet. Es ist die Basis und das Faszinierende der Energetischen Psychologie, dass sie vorbei an unseren eingefahrenen Denkstrukturen, vorbei an unserer gefärbten Sicht der Welt, an Vorurteilen und persönlichen Konstrukten sich nur auf das richtet, was in diesem Moment da ist. Sie können sehr einfach und nachhaltig die Angst auflösen, die Sie als Fünfjährige hatten, wenn Sie zum Kinderarzt mussten, aber das können Sie nur, wenn Sie diese Angst noch im Jetzt spüren.

Wenn Sie nur glauben, dass Sie immer noch von dieser Angst verfolgt werden, sie aber nicht spüren, dann ist das Thema in diesem Moment unzugänglich. Das muss nicht heißen, dass es so bleibt. Nur in diesem Moment, in dieser Situation müssen Sie sich mit dem zufrieden geben, was Sie spüren und was Ihr Unbewusstes zur Auflösung frei gibt.

Wenn wir in ein Problem verstrickt sind und in unserem Kopf Chaos herrscht, erkennen wir oft gar nicht mehr, was uns daran hindert, uns aus dieser Krise zu befreien. Wir sind dann zu verwirrt, um zu entdecken, welche alten Verhaltensmuster, überholte Denkstrukturen, Erinnerungen an Verletzungen, Schuldgefühle oder Scham über Vergangenes unseren Weg zu Lebensfreude und Unbekümmertheit sabotieren. Festgefahrene Muster halten uns wie in einem Schraubstock und erschweren jede Bewegung. Die Energie ist gestaut und der Mensch fühlt sich schwach und seinem Schicksal oder der Situation ausgeliefert. Statt souveräne Entscheidungen zu treffen, sitzen wir in einem Sumpf von dunklen Gefühlen.

Durch die Verbindung der Konzentration auf das momentane Gefühl und das Klopfen der Meridiane kommt es zu einem Energieausgleich. Die blockierte Energie wird aufgelöst und das ganze System kommt wieder in eine ausgeglichenere Schwingung. Der Energieausgleich sorgt dafür, dass sich alles entspannt und man sich leichter und wie befreit fühlt. Der Druck, den die Energieblockaden verursachen, entweicht und damit auch das unangenehme Gefühl. Manchmal erscheint das »geklopfte« Thema wie in weite Ferne gerückt. Es spielt einfach keine Rolle mehr, denn der alte Energiestau ist verschwunden.

Die Wirksamkeit der psychologisch orientierten Meridian-Techniken liegt in diesen beiden Faktoren: gedankliche Konzentration auf ein Thema und Befreiung der damit verbundenen gestauten Energien im Körper durch das Klopfen der Meridiane. Wir lassen Verhärtungen los und schaffen eine neue Durchlässigkeit.

Alles ist Schwingung

Unser Geist ist Energie wie alles andere auch. Diese Energie ist in ständiger Bewegung. Sie schwingt wie der Strom, der ständig fließt, und wie das Meer. Alle Menschen bestehen aus Energie und sie erzeugen Energiefelder. Wie es scheint, ziehen sich Felder mit ähnlichen Energien an. Deswegen umgeben sich Menschen eher mit Energiefeldern, die ihren eigenen gleichen. Das Klopfen zieht höhere Energien an. Durch die Befreiung von gestauter Energie wird ein Energiefeld lebendiger und so fühlt sich auch der »Geklopfte«.

»Wir glauben, dass das Klopfen eine äußere Energiequelle darstellt, die, wenn es korrekt und am richtigen Punkt durchgeführt wird und man sich dabei geistig auf das Problem konzentriert, ein Energiegleichgewicht in einem bestimmten Energiesystem des Körpers herstellt, der unter Energiemangel oder einem Energieungleichgewicht leidet. Es ist unsere Hypothese, dass die vom Klopfen ausgehende Energie nach Bedarf in die vom Energiesystem benötigte Energie umgewandelt wird.«

Roger Callahan[2]

Alles Leben ist Schwingung und alle Schwingungen, also alles, jeder, jedes, steht miteinander in Verbindung. Jeder Stein, jede Pflanze, jedes Tier und jeder Mensch hat seine eigene Schwingung, genau wie das Licht, jede Farbe, Wärme und Kälte. Musik ist Schwingung und Gedanken sind Schwingung. Durch Störungen in der Schwingungsharmonie entstehen schlechte Gefühle, Angst und Niedergeschlagenheit. Krankheiten zeigen schwere Blockaden der Schwingungsenergie an.

Energie verbindet uns, ebenso wie die Luft. Ob wir das wollen oder nicht: Wir gehören alle zusammen wie ein großer Körper. Und eine Konsequenz unserer Verbundenheit ist Verantwortung: Alles, was wir tun, hat Auswirkungen auf alles.

Alles, was wir sind, ist das Ergebnis unserer Gedanken.
Was wir denken, dazu werden wir.
Buddha

Wir sind das, was wir denken. Und an diesem Punkt können wir ansetzen, denn alles, was wir denken, also auch, was wir fühlen und tun, ist veränderbar. Mit der Bewusstheit darüber und den Meridian-Techniken als Werkzeug können wir alte, negative Muster auflösen und neue, lebensbejahende entdecken.

Wie es scheint, stehen wir am Beginn einer neuen Ära der Psychologie. Energetische Techniken bieten schnelle und schmerzlose Veränderungen an, die jeder selbst anwenden kann. Das bedeutet nicht, dass die klassische Psychotherapie vollkommen überflüssig wird, es bedeutet nur, dass es neue Methoden gibt, die energetische Blockaden auflösen können: schnell, ohne Retraumatisierung und ohne Symptomverschiebung. Selbstbehindernde und selbstzerstörerische Verhaltensweisen verschwinden so sehr oft wie von selbst.

Der Gedanke, dass etwas, was langsam entstanden ist, auch nur langsam zum Verschwinden gebracht werden kann, gehört in die Mottenkiste eines überholten Weltbilds. Es stammt aus der klassischen Physik, steckt in der klassischen Psychologie und hängt an einer mechanistischen Vorstellung vom Menschen. Veränderung muss weder langsam geschehen, noch muss sie schmerzhaft sein. Veränderung kann leicht und dauerhaft passieren. Sie können alte Verhaltensmuster, einengende Verhaltensweisen und überholte Glaubenssätze auflösen – *selbst wenn Sie jetzt noch nicht daran glauben*.

Schnelle Veränderungen mögen für viele überraschend, vielleicht sogar beängstigend sein, doch der größte Teil der Veränderungen muss schnell gehen, weil das anzeigt, dass man auf dem richtigen Weg ist.

Das Gehirn fungiert als Schaltstelle zwischen der geistigen und der materiellen Welt.[3] Wenn man akzeptiert, dass Bewusstsein und Gehirnaktivität zusammengehören, und dass das Bewusstsein mehr ist als nur neuronale Schaltkreise im Gehirn, dann kann man sich der Idee öffnen, dass es ein Energiesystem gibt, das über den materiellen Körper hinausgeht. Daraus folgt, dass alle Ereignisse ebenso auf der Körperebene wirken wie auf der Ebene eines über den Körper hinausgehenden Energiesystems: Was sich auf der einen Ebene manifestiert, manifestiert sich auch auf der anderen.

Obwohl die meisten Menschen es nicht sehen können, spüren wir dieses Energiesystem doch sehr deutlich. Ist zum Beispiel jemand freundlich zu uns, spricht uns das auf beiden Ebenen gleichzeitig an: auf der seelischen und auf der körperlichen. Wir freuen uns und gleichzeitig entspannt sich unser Körper. Wenn wir geschlagen werden, haben wir Wunden, die uns körperlich schmerzen, und seelische Wunden. Bemerkenswert dabei ist, dass körperliche Wunden meist nach einiger Zeit von selbst heilen, während seelische das nicht so selbstverständlich tun. Wenn uns jemand kränkt, dann bleibt diese Kränkung oft noch jahrelang präsent und manches Schuldgefühl, manche Wut, manche Trauer begleitet uns lebenslang. Das Wunderbare an energetischen Techniken ist, dass sie direkt auf diese Gefühle zusteuern und sie auflösen.

Hier liegt ein großer Unterschied zwischen energetischen Techniken und herkömmlichen Therapien. Energetische Techniken konzentrieren sich vollständig auf das JETZT: Nur das, was aktuell auftaucht und gespürt wird, kann aufgelöst werden. Durch Klopfen wird nichts Neues antrainiert, sondern Altes, Blockierendes wird aufgelöst. Sobald die Energie wieder fließt, verschwinden auch die Symptome.

Kluge Menschen suchen sich die Erfahrungen selbst aus,
die sie zu machen wünschen.
Aldous Huxley

Wenn wir unsere bewusste Wahrnehmung genau dorthin lenken, wo ein Gefühl, zum Beispiel eine Angst, sitzt, dann können wir es genau dort auflösen. Wie schnell das gehen kann, weiß jeder, der schon einmal mit einer energetischen Technik behandelt worden ist – plötzlich ist genau dieses Gefühl, auf das man sich noch Sekunden vorher konzentriert hat, verschwunden. Es ist einfach weg. Und oft kommt einem genau das wie ein Wunder vor. Manchen ist es auch ein bisschen unheimlich, wenn es danach unmöglich ist, sich wieder an eine alte Emotion anzudocken. Aber was aufgelöst ist, bleibt aufgelöst. Das heißt nicht, dass man zum Beispiel in seinem ganzen Leben nie wieder Angst haben wird, aber die Angst, die man in dieser Sitzung aufgelöst hat – die ist verschwunden.

Gedankenfeld-Therapien

Wenn kleine Ereignisse große Folgen haben, benutzt man gern das Bild vom Stein, der alles ins Rollen bringt. Einen Stein mit einem großen Potential für Veränderungen hat Roger Callahan ins Rollen gebracht. Er war der Erste, der die Meridiane für die psychotherapeutische Arbeit nutzte. Im Mythos um die erste Heilung durch energetisches Klopfen wird die Geschichte von Callahans Patientin Mary erzählt:

Mary war schon seit Jahren Callahans Patientin. Sie litt seit ihrer frühesten Kindheit unter einer Wasserphobie, die so stark war, dass nur die Nähe von Wasser ihr schon allergrößtes Unwohlsein bereitete. Sogar die Vorstellung von Wasser verursachte Mary Übelkeit. Sie klagte häufig über Brechreiz und Magenbeschwerden im Zusammenhang mit dem Thema Wasser. Um seiner Patientin wenigstens bei ihren Magenproblemen zu helfen, klopfte Callahan eines Tages bei Mary ganz leicht auf einen bestimmten Punkt unter ihrem Auge. In seiner Kinesiologie[4]-Ausbildung hatte Callahan gelernt, dass dieser Punkt dem Magenmeridian zugeordnet wird. Und so probierte er ihn einfach aus. Nachdem er den Punkt nur wenige Male beklopft hatte, rannte das Mädchen hinaus zu seinem Pool und bespritze sich übermütig mit Wasser.

Marys Wasserphobie war geheilt und die Meridian-Therapie war geboren.

Menschen mit einer neuen Idee gelten so lange als Spinner,
bis sich die Sache durchgesetzt hat.
Mark Twain

Nach diesem Überraschungserfolg forschte Callahan weiter, und er fand im Laufe der Zeit heraus, dass sich diese Verbindung von gedanklicher Ankopplung an ein Problem bei gleichzeitigem Klopfen von Meridianpunkten als äußerst wirksam zur Beseitigung von Ängsten, Wut, Trauer und anderen gefühlsbesetzten Erinnerungen erwies. Der Schluss, den er daraus zog, hieß, dass Störungen im Gedankenfeld mit Störungen in einem oder mehreren Meridianen verbunden sind. Wenn man also an beiden Stellen interveniert, wenn man gleichzeitig das Gedankenfeld und die Meridiane stimuliert, wird die Blockade aufgelöst, und die Energie kann wieder frei fließen. Fließt die Energie, fühlt sich der Mensch froh, gesund und beweglich.

Jeder Moment unseres Lebens hinterlässt Spuren in unserem Bewusstsein. Manche davon erscheinen im Nachhinein unscheinbar, andere wie eintätowiert. Störungen im Energiegleichgewicht führen zu Unwohlsein, zu Schwermut und langfristig zu Krankheiten. Wenn eine Störung direkt auf der energetischen Ebene angesprochen wird, kann sie auch dort direkt aufgelöst werden. Aus diesem Grund ist die Konzentration des Klienten auf das entsprechende Gedankenfeld von zentraler Bedeutung für desse Auflösung.

Callahan fasste seine Forschungsergebnisse unter dem Begriff Thought Field Therapy (TFT)/Gedankenfeld-Therapie zusammen und formulierte die zentrale These, die für alle Formen der Klopftherapie gilt:

»Gedanken sind an energetische Felder gekoppelt, die durch das Klopfen aufgelöst werden.«

Gedankenfeld-Therapie ist mittlerweile ein Oberbegriff für Verfahren, die sich entwickelt haben in Anlehnung an das, was Albert Einstein die Körpersysteme der »Schwachen Energien« nannte. Dazu schreiben Lambrou/ Pratt:

»Diese Therapien basieren auf dem Verständnis der aus dem Osten überlieferten Körpermeridiane und auf der Art und Weise, wie die Gedanken- Energiefelder mit dem Körper interagieren – wo sich Energie, Gedanken und Emotionen überschneiden. In dieser Hinsicht verstehen wir Emotionen als Ergebnis der von unseren Gedanken erzeugten elektromagnetischen Energie und der (damit verbundenen) im Körper stattfindenden elektrischen und chemischen Veränderungen.«[5]

Gary Craig, ein Schüler von Roger Callahan, vereinfachte Callahans Methode dadurch, dass er im Gegensatz zu seinem Lehrer nicht mehr mühselig ausprobierte, welcher Punkt mit welcher Störung in Verbindung stand, sondern gleich die Punkte klopfte, mit denen man *alle* Meridiane beeinflussen kann. Diese stärker schematisierte Form hat der Methode zum Durchbruch verholfen, denn plötzlich stieg die Erfolgsquote immens. Craig nennt sein System EFT/Emotional Freedom Techniques. Es ist mittlerweile die am weitesten verbreitete Methode, jedem im Internet[6] kostenlos zugänglich und der Angelpunkt in diesem Buch. Neben EFT gibt es eine ganze Reihe ähnlicher Klopftechniken, die jeweils kleine Varianten darstellen und eigene Markennamen haben. In Deutschland ist EFT zwar sehr weit verbreitet, als wichtige Ableger haben sich mittlerweile aber auch die Mentalfeld-Therapie (MFT) nach Dr. Dietrich Kinghardt etabliert, ebenso wie Fred Gallo mit EDxTM™ (Energy Diagnostic & Treatment Methods™) und das Ehepaar Franke mit MET (Meridian-Energie-Techniken).

Doch wie auch ich meine individuelle Art habe, mit den Meridian-Techniken umzugehen, werden Sie mit der Zeit ebenso Ihren eigenen Stil entwickeln.

Viele dieser Informationen mögen sich jetzt verwirrend anhören, aber bald werden auch Sie mit den vorgestellten Techniken ganz selbstverständlich umgehen. Lassen Sie sich nicht einschüchtern: Man muss nicht die molekulare Struktur von Eiscreme aufzeichnen können, um ihren Geschmack zu genießen. Und so muss man auch nicht alle naturwissenschaftlichen Hintergründe verstehen, die Meridian-Techniken so wirksam werden lassen. Wichtig ist es, die Wirkung zu spüren. Und wichtig für die Freude an diesem Buch ist, dass Sie Lust haben, etwas Neues auszuprobieren, genau hinzuschauen, Ihre Ziele anzugehen, und dadurch mal richtig aufzuräumen. Sie können alten Ballast loswerden und Platz für Neues, Schönes, Fröhliches, Kreatives, Unbekümmertes schaffen. Innere Ausgeglichenheit und mehr Souveränität im Umgang mit den alltäglichen Sorgen sind die angenehmen Nebeneffekte.

Die Samen

Eine Frau besuchte im Traum einen Markt. Dort mitten im größten Trubel wartete hinter einem der Stände Gott.
»Was verkaufst du hier?«, fragte die Frau Gott.
Gott antwortete: »Alles, was das Herz begehrt.«
Die Frau überlegte eine Weile und beschloss dann, das Beste zu verlangen, was sich ein Mensch nur wünschen konnte: »Ich möchte Frieden für meine Seele und Liebe und Glück. Und weise möchte ich sein und ohne Angst. Und das wünsche ich mir nicht nur für mich allein, sondern für alle Menschen.«
Gott lächelte. »Ich glaube, du hast mich missverstanden. Ich verkaufe hier keine Früchte, sondern die Samen.«

2. *Etappen einer Aufräumaktion mit Klopfen: So schafft man Ordnung*

Die energetische Praxis

Die Raupe

Ein Schüler kam zum Meister. »Ach Meister, um Euren Lehren zu folgen, ist so viel Veränderung nötig. Das ist mir zu anstrengend. Ich glaube, ich werde das Studium beenden.«
Der Meister sah seinen Schüler traurig an. »Kennst du die Geschichte von der Raupe?«, fragte er.
Der Schüler verneinte.
»Es war einmal eine Raupe, die das Gefühl hatte, dass die Verwandlung zum Schmetterling zu anstrengend sei. Also beschloss sie, zu bleiben, was sie war.
Während sie als Raupe beschwerlich durchs Leben kroch, schaute sie immer wieder hinauf zu all den schönen, zarten Schmetterlingen, die übermütig im Sommerwind tanzten.
Möchtest du wirklich eine Raupe bleiben? Ist es wirklich das, was du willst?«

Veränderung erscheint uns manchmal wie ein großes, vielleicht zu großes Projekt. Dabei vergisst man leicht, dass man keinen Berg versetzen muss, um ihn elegant hinter sich zu lassen. Allerdings muss man sich auf den Weg machen, um ein Ziel zu erreichen. Dazu gehören zwar viele kleine und große Schritte, doch die müssen nicht zwangsläufig mühsam sein. Wenn man sich erstmal in Bewegung gesetzt hat, um sich Klarheit zu verschaffen und eine neue Ordnung herzustellen, kann das geradezu beflügeln. Ganz von allein geht es nicht. Sobald man sich aber ein Ziel gesetzt hat, unterstützt uns die Vorfreude auf das Ergebnis. Sie beflügelt und erleichtert das Durchhalten.

Ein Schmetterling zu werden ist für den einen ein wunderbares Ziel, für den anderen ist es erschreckend, und er ist zufrieden damit, den Schmetterling zu bewundern. Für welchen Weg man sich entscheidet, ist gleichgültig, solange er frei gewählt ist und wirklich passt. Allerdings kann sich niemand vor äußeren Veränderungen schützen, und darum ist es oft besser, sich selbst zu bewegen, als sich von anderen schieben zu lassen.

Schiffe liegen sicher im Hafen.
Doch dafür sind sie nicht gebaut.
Ebbas Neujahrsspruch 2006

Wer sich für das Aufräumen mit den Meridian-Techniken entscheidet, nutzt ein bewährtes Werkzeug, denn das Klopfen des Körpers hat eine lange Tradition. Angeblich haben sich die Spartaner vor ihren Kämpfen durch Klopfen auf den Milz-Pankreas-Meridian (unter dem Arm) Mut gemacht. Die Tibeter klopfen sich bei tantrischen Übungen, zum Beispiel um die Kundalini-Energie im Becken zu wecken. Und man nimmt an, dass es vor der Akupunktur schon Klopftechniken bei den Chinesen gab, die benutzt wurden, um den Energiefluss zu steigern und die Gesundung zu fördern.

Wie jeder Mensch instinktiv eine geschwollene und deshalb schmerzende oder gestoßene Stelle seines Körpers reibt oder drückt und so versucht, den durch die Spannung verursachten Schmerz zu mindern, so wird dieses instinktive Mittel wohl auch als Heilmittel zu allen Zeiten angewandt worden sein.

Franz Kirchberg, 1926

Wie Blutbahnen durchziehen den physischen Körper die so genannten Meridiane. Allerdings sind sie unsichtbar. Einer chinesischen Sage nach ist ihre Entdeckung einem Zufall zu verdanken: Ein Soldat wurde von einem Pfeil leicht verletzt. In der Folgezeit stellte er verblüfft fest, dass nicht nur seine Wunde sehr schnell heilte, sondern auch eine organische Erkrankung verschwand, die ihn zuvor geplagt hatte. Damit nahm dann angeblich die Entwicklung der Akupunktur ihren Lauf. Fest steht, dass die Geschichte der Akupunktur weit vor unsere Zeitrechnung zurückreicht: Bei Ausgrabungen wurden Stein- und Knochennadeln entdeckt, die darauf schließen lassen, dass die Akupunktur schon im 3. Jahrtausend v. Chr. als Heilmethode angewandt wurde. Vieles steht im ersten schriftlichen Fund, im Nei Ching, dem über 2000 Jahre alten Klassiker des Gelben Kaisers über die Innere Medizin.

Mittlerweile gründet sich also das Wissen um die Meridiane auf Jahrtausende praktischer Erfahrung. Doch erst in den 70er Jahren gelang dem japanischen Wissenschaftler Dr. Hiroshi Motoyama der physikalische Nachweis. Heute können Akupunkturpunkte als unverwechselbare, anatomisch signifikante Punkte gefunden und unter dem Mikroskop fotografiert werden![7]

In der Traditionellen Chinesischen Medizin wird angenommen, dass in diesen Meridianen Energie – Chi – fließt.

Wenn dieser Fluss gestört ist, kommt es zu körperlichen und seelischen Erkrankungen. Um den Fluss des Chi anzuregen, gibt es verschiedene Methoden.

Zu den Meridian-Techniken gehören zum Beispiel:

- Akupunktur
- Akupressur
- Akupunktmassage/Tuina
- Moxibution
- Tai-Chi
- Qigong
- Shiatsu
- Jin Shin Jyutsu

Alle diese Techniken arbeiten mit dem Energiesystem des menschlichen Körpers. Das Revolutionäre an den modernen energetischen Techniken ist, dass sie Körpertherapie und Psychotherapie verbinden, denn während die Meridiane geklopft werden, konzentriert man sich gleichzeitig auf ein belastendes Ereignis. So werden die körperlichen Energiebahnen mit den gedanklichen durch Konzentration verbunden und die gemeinsamen Blockaden aufgelöst.

In der Energetischen Psychologie gelten Gedanken als feinstoffliche Energien. Unterschiedliche Gedankenfelder besitzen unterschiedliche Energien. Während Freude eine sehr hoch schwingende Energie ist, haben zum Beispiel Scham und Resignation eine sehr tiefe Schwingungsebene. Was ja sehr konkret bei schwermütigen Menschen zu beobachten ist: Sie fühlen sich bleiern, jede Bewegung ist eine große Anstrengung und sich aufzuraffen, um etwas zu verändern, erscheint oft völlig ausgeschlossen. Dagegen lässt uns Freude leicht und beweglich werden.

Die Kombination aus Meridian-Klopfen und durch Konzentration willentlich erzeugten Energiefelder wirkt ausgleichend auf die Meridiane und löst im besten Fall eine Störung vollständig auf. So behandelt man gleichzeitig den Körper über die Meridiane und den Geist über die Konzentration auf eine Emotion.

Bei den modernen psychologisch orientierten Meridian-Techniken, wie zum Beispiel beim EFT, addieren sich zum Wissen über die Energien unter anderem auch die Erkenntnisse der kognitiven Psychologie, des NLP sowie Erfahrungen aus den allerneuesten Erkenntnissen der Hirnforschung.

Nachdem Mitte des letzten Jahrhunderts die Akupunktur von der westlichen Welt entdeckt wurde, folgte der große Durchbruch der ganzheitlichen psychologisch orientierten Klopftherapien in den 90er Jahren, als Roger Callahan (wie schon im Einleitungskapitel erwähnt) seine TFT entwickelt hatte. In seiner Nachfolge profilierte sich besonders sein Schüler Gary Craig durch eine weitere Vereinfachung und Systematisierung seiner Methode, die er EFT nannte. Beide Männer trugen maßgeblich dazu bei, dass die so genannte Energetische Psychologie sich verbreitete und dass diese einfache Methode heute weltweit benutzt wird.

Durch das Klopfen der Meridian-Punkte können Blockaden aufgehoben und kann ein neues biochemisches Gleichgewicht hergestellt werden. Es entfernt einfach, sanft und schnell die negativen Emotionen, die den freien Fluss der Energie behindern. Es bringt überholte Glaubenssätze zum Verschwinden, die eine positive Entwicklung hemmen, sendet frische Energie in verkrustete Strukturen und löst sie damit auf.

Konkret bedeutet energetische Therapie, dass die behandelten Ängste, die Wut, die Trauer etc. nicht irgendwie wegtherapiert oder vergessen werden, sondern dass sie sich auflösen. Das alles funktioniert ohne Symptomverlagerungen oder Retraumatisierungen, denn durch das Klopfen, bei gleichzeitiger Konzentration auf ein Thema werden stagnierende Energien in Bewegung gebracht. Meridian-Behandlungen dienen nicht dazu, dass jemand mit großer Kraftanstrengung etwas tun kann, was ihm vorher unmöglich war, sondern dazu, die Gefühle vollständig aufzulösen, die seine Handlungsfähigkeit blockieren.

1. Herausarbeiten des Problems

Jede Klopfbehandlung beginnt mit einem Gespräch über die anliegenden Themen und der Herausarbeitung des zentralen Problems.

Für die Einkreisung des Themas braucht man Zeit, denn oft kommt in Krisen vieles zusammen, was gleichzeitig Aufmerksamkeit verlangt: Neben den Problemen mit dem Freund hat man dann auch noch Krach mit der besten Freundin, weil ihr ewiges Gejammer einem auf die Nerven geht. Im Büro ist die Stimmung eisig, denn man hat wegen der persönlichen Probleme mehrere Fehler gemacht, und dann ist noch jemand krank, den man eigentlich besuchen müsste. …

Ein großes Durcheinander, das sorgfältig aufgeräumt werden muss. Doch wo fängt man an?

Hilfreich sind dann immer diese Fragen:

Was belastet mich am meisten?

Was spüre ich am deutlichsten?

Was steht im Vordergrund?

Mit gezielten Fragen kristallisiert sich das zentrale Thema heraus. Schreiben Sie die genaue Formulierung auf, und bleiben Sie bei diesem Thema, bis es sich gelöst hat.

Zwischendurch werden sich immer wieder andere Probleme aufdrängen, doch normalerweise haben Sie wenig davon, wenn Sie ein bisschen die Probleme mit Ihrem Freund beklopfen und dann zwischen ihnen, der Freundin, dem Jobthema und dem dringenden Krankenbesuch hin und her pendeln. So lösen Sie nichts vollständig auf und alle Themen werden Sie weiter beschäftigen.

Stellen Sie sich diesen ersten Schritt einer Klopfsitzung wie jedes andere Aufräumen vor: Es nützt nichts, wenn Sie die schmutzige Wäsche sortieren, sich aber, bevor Sie die Waschmaschine angestellt haben, den ungeputzten Schuhen zuwenden, und Ihnen dann einfällt, dass Sie noch für das Abendessen einkaufen müssen. Was ist das Wichtigste? Das Abendessen? Saubere Wäsche für die Reise, die morgen ansteht? Geputzte Schuhe für das Vorstellungsgespräch in einer Stunde?

Jeder weiß im Grunde seines Herzens, was wirklich das Wichtigste ist, doch das gilt es erst einmal herauszufiltern – und dann anzugehen.

➻ Fallbeispiel

Geza lebt seit zwei Jahren mit ihrem Freund zusammen. Anfangs war die Liebe gross und verdeckte alle Unterschiedlichkeiten der beiden. Doch nach und nach stellte sich heraus, dass ihre Vorstellungen vom Zusammenleben und ihre Wünsche für die Zukunft weit auseinanderlagen. So ärgert sich die ordentliche Geza zum Beispiel jeden Tag über das Chaos, das ihr Freund in der Wohnung anrichtet, obwohl er den ganzen Tag zuhause ist. Seit einigen Monaten ist er arbeitslos, doch statt jetzt mehr häusliche Pflichten zu übernehmen, macht er gar nichts mehr. Vor allem aber kümmert er sich nicht um einen neuen Job. Diese Antriebslosigkeit ärgert Geza ganz besonders, denn sie möchte langfristig nicht in die Rolle der Alleinverdienerin rutschen. Zumal sie weiss, dass Gert es umgekehrt für sie nicht tun würde. Das hatte sich herausgestellt, als es mal wieder um das Thema Kinder ging und Gert in einem Streit kategorisch klargestellt hatte, dass er keine Kinder will. Im Grunde wollte sich Geza seit diesem Tag von ihm trennen, denn nach dieser Auseinandersetzung war auch ihre letzte Hoffnung auf eine Zukunft als Familie verloren gegangen. Trotzdem blieb sie.

Es gab viele Gründe, warum Geza die entscheidenden Schritte vermied. Doch im Zentrum standen ihre Ängste vor Einsamkeit, Prestigeverlust, und die Vorstellung, dass sie keinen anderen Mann finden würde.

So hiess das Thema:

»Ich habe Angst, mich von meinem Freund zu trennen.«

Für Geza konzentriert sich alles auf die Angst, sich von ihrem Freund zu trennen, und die möglichen Konsequenzen. Genauso gut hätte es die Angst sein können, die Alleinverdienerin zu werden. Viele Frauen haben es schon erlebt, dass Männer es sich auf ihre Kosten nett machen wollen. Auch der Kinderwunsch hätte der wichtigste Ansatzpunkt sein können. Mit dieser Frage steht oder fällt manche Beziehung. Jeder hat andere Prioritäten, und die gilt es zu finden.

Diese Entscheidung für ein Thema ist der Ausgangspunkt, es schließt alle anderen für den Moment aus: Also so lange bis dieses erste Thema geklärt ist. Danach kommen die anderen an die Reihe. Oft klärt sich aber schon mit der Auflösung des Ausgangsproblems manches andere mit.

2. Die Skalierung

Nachdem das zentrale Thema formuliert ist, wird im zweiten Schritt eine Bewertung der Stärke der Gefühle vorgenommen. Auf einer SPL[8] (Skala des persönlichen Leidensdrucks) von 0 bis 10 wird das Maß an Leid eingeordnet, das das aktuelle Thema verursacht.

SPL-Skala

0 .... keinerlei Leidensdruck

1 .... neutral, aber nicht völlig entspannt

2 .... leichte Spannung, diffuser Stress

3 .... stärkeres Unbehagen, das beherrschbar erscheint

4 .... deutliches Unbehagen, Aufregung in einem erträglichen Maß

5 .... sehr deutliches Unbehagen, gerade noch erträglich

6 .... so deutliches Unbehagen, dass es Auswirkungen auf das Verhalten hat

7 .... so sehr deutliches Unbehagen, dass es den Alltag durchdringt

8 .... so sehr deutliches Unbehagen, dass das Denken ständig damit beschäftigt ist

9 .... fast unerträgliches Unbehagen

10 .... äußerstes Maß an Unbehagen, das es unmöglich macht, an etwas anderes zu denken, verbunden mit der Angst, die Beherrschung zu verlieren[9]

Diese Tabelle gibt einen Orientierungsrahmen. Verlassen Sie sich auf Ihre Intuition, wenn Sie die Zahl nennen, die die Stärke Ihres Problems kennzeichnet. Normalerweise wird man kein Thema zum Klopfen auswählen, das nicht mindestens eine Stärke von 3 hat. Doch es gibt Ausnahmen, denn manchmal wird Ihnen die Neigung begegnen, entweder zu untertreiben oder zu übertreiben. Wirklich große Probleme werden zu den üblichen Unerfreulichkeiten des Lebens gezählt, und Schwieriges wird zum Drama stilisiert.

Wichtig ist bei der Einschätzung zweierlei. Erstens die Konfrontation mit dem ganzen Ausmaß der Belastung durch das Thema und zweitens dient die Zahl später als Maßstab für Veränderungen.

FÜR GEZA WAR DAS »TRENNUNGSTHEMA« AUF DER SKALA BEI 8.

3. Die Ausgleichsatmung

Bevor ich mit dem Klopfdurchgang anfange, mache ich gemeinsam mit den Klienten eine einfache kurze Atemübung.[10] So kommt man gut in der Situation an, beruhigt seine aufgeregten Gefühle und steigert seine Konzentration.

Das können Sie auch allein tun oder lassen, wenn Sie sich ausreichend geerdet fühlen:

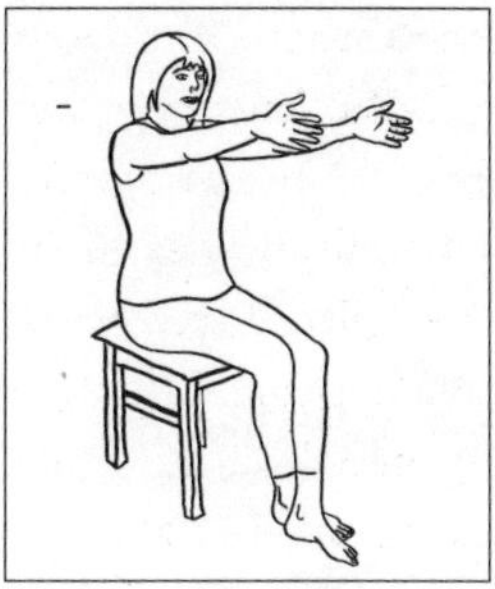

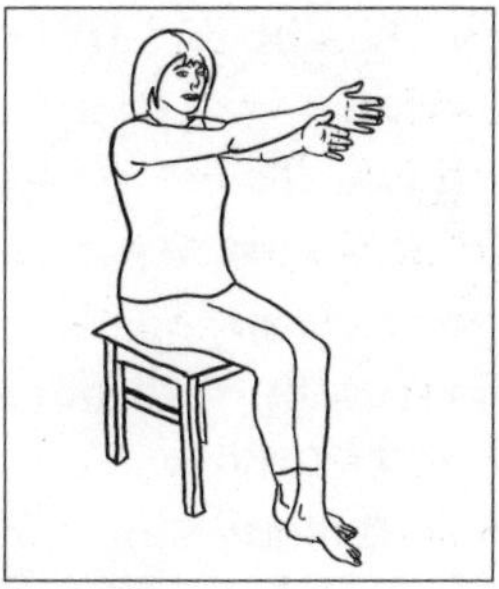

Setzen Sie sich bequem auf einen Stuhl.
Legen Sie das linke Bein über das rechte
und den rechten Arm diagonal über den linken
(oder umgekehrt).

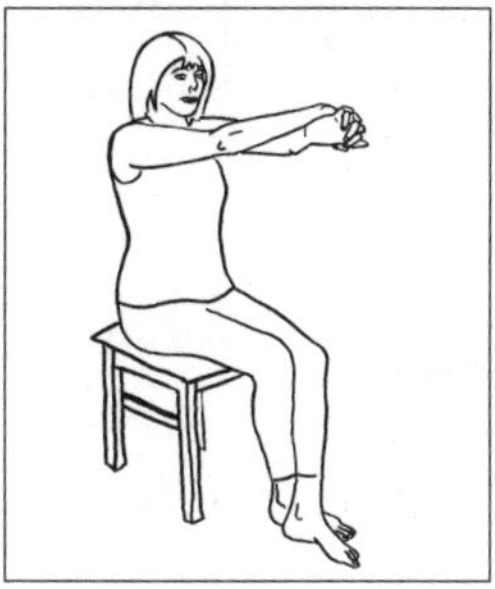

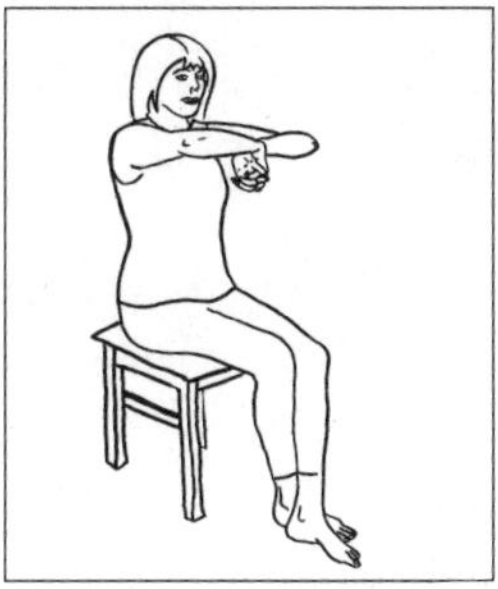

Verschränken Sie die Hände und ziehen Sie sie an die Brust heran.

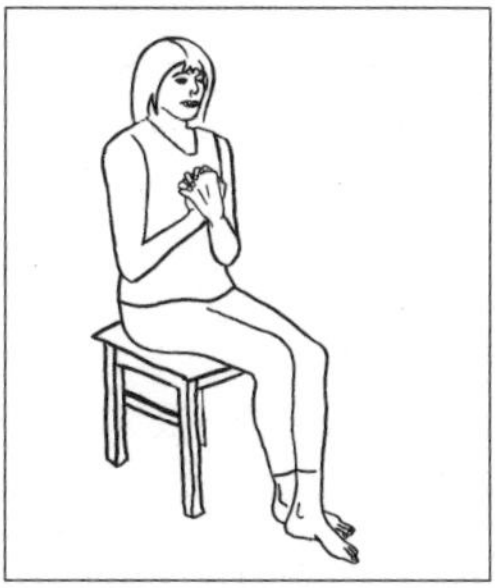

Schließen Sie die Augen.

Atmen Sie durch die Nase ein
und durch den Mund laut aus.

Konzentrieren Sie sich für
einige Minuten nur auf das
Ein- und Ausatmen.

4. Die Thymusdrüse

Die Thymusdrüse liegt auf dem Brustbein, ca. 7 cm unterhalb der Halsgrube.

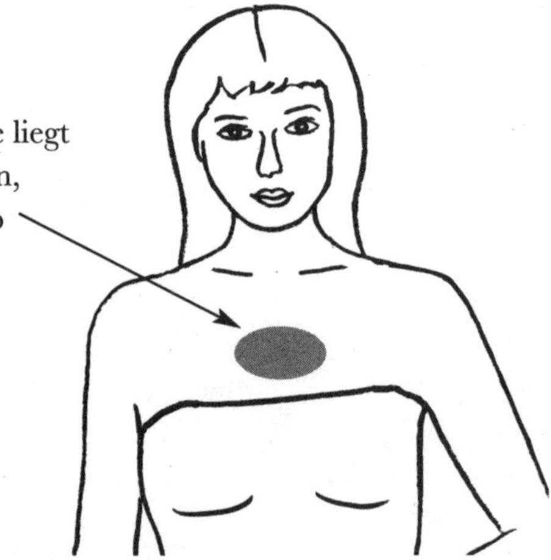

Die Bedeutung der Thymusdrüse wurde in der modernen Medizin lange Zeit unterschätzt. Zwar war den Medizinhistorikern bekannt, dass bei den Griechen Thymos gleichbedeutend war mit Lebensenergie und dem Chi der chinesischen Medizin, doch erst die Krebstherapie hat sie wieder ins Gespräch gebracht. Sicherlich zu Recht, denn die Thymusdrüse ist von zentraler Bedeutung für unser Immunsystem und damit für die Abwehr von Krankheiten. Doch das ist noch nicht alles, denn die Stärke der Thymusdrüse zeigt auch die Stärke unseres Willens, seelisch und körperlich zu gesunden.[11]

In den energetischen Therapien wird die Thymusdrüse als Bindeglied zwischen Körper und Geist gesehen, als Mittlerin zwischen der groben und der feinstofflichen Energie. Wird die Thymusdrüse aktiviert, dann werden unsere Selbstheilungskräfte gestärkt und die Stimmung steigt.

In diesem Sinn werden ihr auch die folgenden Gefühle zugeordnet:

- Positiv: Liebe, Glaube, Vertrauen, Dankbarkeit, Mut
- Negativ: Angst, Hass, Missgunst, Neid

John Diamond schlägt vor, die positiven Eigenschaften als Affirmationen in die Thymusdrüse einzuklopfen:

Ich bin voller Liebe. Ich glaube, vertraue, bin dankbar und mutig.

»Wenn wir die genannten Affirmationen mehrmals täglich aussprechen und fühlen, wird unsere Lebensenergie aktiviert, werden Veränderungen und ein Neubeginn auf unserem Lebensweg möglich.« [12]

Klopfen im Dreivierteltakt

Immer mehr neue Forschungsergebnisse zeigen, dass auch unser Körper seine eigenen Rhythmen hat und wie wichtig sie für unsere Gesundheit sind. Wie sämtliche Lebensvorgänge erfolgt auch der Herzschlag rhythmisch. Allerdings marschiert das Herz nicht, sondern es tanzt und zwar im Dreivierteltakt. Der Zeitabstand zwischen den Schlägen variiert, aber das Herz bleibt im Walzertakt. Gleichgültig, ob es langsam oder schnell schlägt.

Doch »je monotoner und damit taktähnlicher der Herzschlag ist, desto lähmender wirkt sich das auf den gesamten Organismus aus, desto leichter wird er krank. Rhythmus (vom griechischen ›das Fließen‹) ist lebendig, nie gleichförmig, nie monoton im Gegensatz zum Takt, dessen regelmäßige Schläge etwa das Tuckern eines Motors, das Rattern einer Maschine, das Klopfen eines Presslufthammers bestimmen. Zu viel Regelmäßigkeit kann sogar lebensbedrohlich sein.«[13]

Wenn Sie also Ihre Thymusdrüse in Ihrem eigenen Dreivierteltakt klopfen, verbessern Sie den Fluss Ihrer Energie ebenso wie Ihre Laune.

… und lächeln

Wenn Sie auf die Thymusdrüse klopfen, dabei im Dreivierteltakt bleiben und gleichzeitig lächeln, dann tun Sie eine Menge, um das Immunsystem zu stärken. Denn neben dem Dreivierteltakt ist die Wirkung eines Lächelns auf das Gehirn so stark, dass Schüler, die gebeten werden, bei schwierigen Aufgaben einen Bleistift zwischen den Zähnen zu halten, besser abschneiden als Schüler, die den Bleistift mit den Lippen umklammern. Die Erklärung ist einfach: Der Bleistift zwischen den Zähnen zaubert zwangsläufig ein Lächeln auf das Gesicht. Selbst solch ein künstlich erzeugtes Lächeln regt das Gehirn zum Optimismus an und hilft uns, selbstbewusster und erfolgreicher nach Lösungen zu suchen.[14]

Wenn Sie also so traurig sind, dass es Ihnen unmöglich erscheint, sich an etwas Schönes zu erinnern, das Sie auf natürliche Weise lächeln lässt, dann klemmen Sie sich einen Bleistift zwischen die Zähne. Vielleicht bringt Sie schon diese Absurdität zum Lächeln.

Die Thymusdrüse lächelnd im Dreivierteltakt zu klopfen ist sehr wirksam, wenn man aus dem Takt geraten ist. Klopfen Sie sanft mit den Knöcheln oder den Fingerspitzen. Eine Minute reicht vollkommen aus. Gönnen Sie sich so eine kleine Auszeit mehrmals am Tag, auch ganz unabhängig vom sonstigen Meridian-Klopfen. Das Klopfen der Thymusdrüse gleicht den Fluss der Energie aus. Es beruhigt, wenn Sie aufgeregt sind, und es regt an, wenn Sie müde sind.

Das Klopfen der Thymusdrüse gehört nicht notwendig zu jeder Klopfsequenz. Ich finde es als kleine Auszeit im stressigen Alltag sehr hilfreich. Im Rahmen eines Coachings mit Meridian-Klopfen benütze ich es, genauso wie die Ausgleichsatmung, zur Einstimmung und zur Stärkung, bevor es richtig mit dem Klopfen losgeht.

5. Der Heilende Punkt

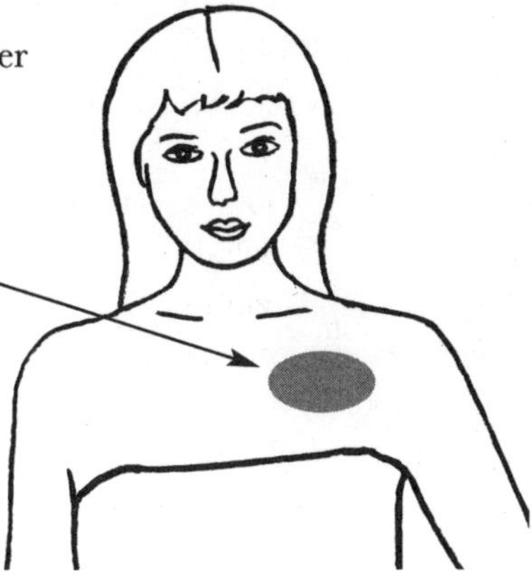

Der Heilende Punkt ist ein neurolymphatischer Reflexpunkt, der auch bekannt ist als Wunder Punkt, Sore Spot oder Chapman-Punkt.[15] Die chinesische Medizin nennt ihn »Tor des Himmels«. Er liegt auf der Herzseite, zwischen der 2. und 3. Rippe. Wenn Sie vom Brustbein aus langsam nach außen spüren, dann kommen Sie zu einem weichen Bereich, der auf Druck schmerzhaft reagieren kann. Hier sammeln sich verstärkt Giftstoffe, die durch das leichte Massieren im Uhrzeigersinn ausgeleitet werden und nach und nach verschwinden. Massieren Sie diese Region mit einem oder zwei Fingern kreisend von Innen nach Außen.

Während Sie den Heilenden Punkt leicht massieren, formulieren Sie die Leitsätze für das anliegende Problem.

Das Problem formulieren

› *Obwohl ich* ***›Problem einsetzen‹****,*

(z. B.: *Obwohl ich Angst habe, vor einer großen Gruppe zu sprechen,*)

verbinden mit Selbstliebe und Akzeptanz:
... liebe und akzeptiere ich mich voll und ganz.

oder: *... liebe und akzeptiere ich mich so, wie ich bin.*
oder: *... liebe und akzeptiere ich mich aus vollem Herzen mit allen meinen Schwächen.*
oder: *... nehme ich mich vollständig an.*
oder: *... liebe und akzeptiere ich mich ganz und gar, mit allen meinen Problemen und Unzulänglichkeiten.*
oder: Finden Sie Ihre eigene Formulierung!

Sprechen Sie diese Sätze laut aus und wiederholen Sie alles dreimal.

IN GEZAS FALL WAR DAS:
»OBWOHL ICH ANGST HABE, MEINEN FREUND ZU VERLASSEN, LIEBE UND AKZEPTIERE ICH MICH GANZ UND GAR, MIT ALLEN MEINEN PROBLEMEN UND UNZULÄNGLICHKEITEN.«

Die Widerstände formulieren

Der zweite Satz, der ausgesprochen wird, während man weiter den Heilenden Punkt sanft massiert, kreist um die Widerstände, die uns daran hindern, alte Denkweisen aufzugeben. Schon das bloße Aussprechen fällt vielen schwer. Aber selbst wenn es Sie Überwindung kostet, empfehle ich Ihnen, sich diesen inneren Saboteuren zu stellen. Oft blockieren sie genau dort, wo der springende Punkt zur Veränderung steckt. Der größte Widerstand gegen eine Verbesserung ist der tief sitzende Glaube, dass wir es nicht verdient haben, dass es uns besser geht. Darum empfehle ich den folgenden Satz als Standardformulierung:

› *Obwohl ich es nicht verdient habe, dass ich* ›**Problem einsetzen**‹ *vollständig überwinde,*

(z. B.: *Obwohl ich es nicht verdient habe,*
– *dass ich ohne meinen Freund glücklich werde*
– *dass ich die Trennung fair abwickle*
– *dass ich einen neuen Freund finde*
– *dass wir Freunde bleiben)*

verbinden mit Selbstliebe und Akzeptanz:
… liebe und akzeptiere ich mich voll und ganz.

oder: *… liebe und akzeptiere ich mich so, wie ich bin.*
oder: *… liebe und akzeptiere ich mich aus vollem Herzen mit allen meinen Schwächen.*
oder: *… nehme ich mich vollständig an.*
oder: *… liebe und akzeptiere ich mich ganz und gar, mit allen meinen Problemen und Unzulänglichkeiten*
oder: Finden Sie Ihre eigene Formulierung!

Widerstände stecken in jedem von uns und bilden ein großes Hindernis, wenn man versucht, Altes loszulassen und Neues zu beginnen – also wichtige Gründe, sie ernst zu nehmen. Oft helfen selbst gute Strategien nicht, weil innere Saboteure sich gegen eine innere Veränderung sträuben. Mit der Selbstbeobachtung und dem Klopfen kommen Sie ihnen aber auf die Spur. Sobald sie entlarvt sind, löst sich das innere Chaos mit allen seinen Problemen wie von selbst. Fred Gallo[16] nennt die folgenden zehn Bereiche, wo sich Widerstände verstecken. Sobald Sie sich etwas sicherer beim Klopfen fühlen, sollten Sie den einen oder anderen unbedingt ausprobieren. Am besten nehmen Sie den Widerstand, der Ihnen am unnötigsten, am schwierigsten, am fremdsten erscheint. Dort werden Sie sicher fündig.

- **Verdienen**
  *Obwohl ich es nicht verdient habe, **›Problem einsetzen‹** vollständig zu überwinden, liebe und …*

- **Sicherheit**
  *Obwohl es für mich gefährlich werden könnte, wenn ich **›Problem einsetzen‹** vollständig überwinde, liebe und …*

- **Sicherheit, andere**
  *Obwohl es für andere gefährlich sein könnte, wenn ich **›Problem einsetzen‹** vollständig überwinde, liebe und …*

- **Möglichkeit**
  *Obwohl es mir nicht möglich ist, **›Problem einsetzen‹** vollständig zu überwinden, liebe und …*

- **Erlaubnis**
  *Obwohl ich es mir nicht erlaube, **›Problem einsetzen‹** vollständig zu überwinden, liebe und …*

- **Motivation**
  *Obwohl ich nicht alles tue, was nötig ist, um **›Problem einsetzen‹** vollständig zu überwinden, liebe und …*

- **Nutzen**
  *Obwohl es für mich nicht gut ist, wenn ich **›Problem einsetzen‹** vollständig überwinde, liebe und …*

– **Nutzen, andere**
Obwohl es nicht gut für andere ist, wenn ich **›Problem einsetzen‹** *vollständig überwinde, liebe und …*

– **Verlust**
Obwohl mir etwas fehlen wird, wenn ich **›Problem einsetzen‹** *vollständig überwinde, liebe und …*

– **Identität**
Obwohl ich einen wichtigen Teil meiner Identität verliere, wenn ich **›Problem einsetzen‹** *vollständig überwinde, liebe und …*

Benutzen Sie einen dieser Sätze oder mehrere. Probieren Sie aus, was zu Ihnen und zu Ihrem Problem passt, und trauen Sie sich auch hier zu experimentieren, um das zu finden, was genau Ihre wunden Punkte, Ihre Ängste und Widerstände trifft.

Für den Anfang reicht aber die erste Version völlig aus.

IN GEZAS FALL WAR DAS:
»OBWOHL ICH ES NICHT VERDIENT HABE, DASS DIE TRENNUNG VON MEINEM FREUND VERNÜNFTIG UND ZÜGIG ABLÄUFT, LIEBE UND AKZEPTIERE ICH MICH GANZ UND GAR, MIT ALLEN MEINEN PROBLEMEN UND UNZULÄNGLICHKEITEN.«

6. Der Behandlungssatz

Aus dem Problem und Ihrer momentanen Gefühlslage formulieren Sie den Behandlungssatz. Er ist eine Kurzfassung dessen, was Sie beim Heilenden Punkt formuliert haben.

Zum Beispiel:

Meine Angst, vor großen Gruppen zu sprechen.
Meine Wut auf meine Nachbarin.
Meine Trauer, weil mein Freund mich verlassen hat.

In Gezas Fall war das:
»Meine Angst, meinen Freund zu verlassen.«

Konzentrieren Sie sich auf das anstehende Thema, das Gefühl, die Sorge etc. Nur das, was Sie konkret spüren, kann aufgelöst werden. Wenn Ihre Gedanken zu weit abschweifen, ist das Gedankenfeld, das Sie erzeugen, zu schwammig, um beeinflusst zu werden.

Haben Sie dabei nicht die Angst, dass Sie eine schwierige Situation noch einmal durchleben müssen. Sie schließen sich nur an das Gedankenfeld an, um es aufzulösen. Ein Blitzlicht darauf oder ein Gedanke und das Aussprechen reichen aus. Die Meridian-Techniken können nur das bearbeiten, was Sie konkret spüren, und damit auch nur den Leidensdruck auflösen, den Sie in Ihrem Körper zulassen. Schmerzen, Kummer, Trauer, an die Sie sich emotional nicht anschließen können, von denen Sie sich abgekoppelt fühlen, entziehen sich der Auflösung.

Konzentrieren Sie sich auf Ihr Gefühl – auf das JETZT. Ist es wirklich Angst, die Sie spüren, oder ist es Resignation? Sind es Schuldgefühle? Vielleicht ist es auch Wut, die sich aber noch nicht heraustraut.

Spüren Sie den Gefühlen immer wieder nach: Sie verändern sich ständig im Lauf einer Klopfsitzung.

Wenn sich ein neues Gefühl zeigt, fangen Sie einfach wieder von vorn an. Manchmal ist es gut, zum Heilenden Punkt zurückzugehen. Oft können Sie einfach wieder beim Augenbrauen-Punkt anfangen. Vertrauen Sie ihrer Intuition Ihr Vorgehen an.

7. Klopfsequenz mit Behandlungssatz

Die Punkte

1 Innere Augenbraue
2 Äußerer Augenwinkel
3 Unter dem Auge
4 Unter der Nase
5 Unter der Lippe
6 Rechts und links vom Schlüsselbein
7 Unter den Achselhöhlen
8 Daumen
9 Zeigefinger
10 Mittelfinger
11 Kleiner Finger
12 Handkante
13 Scheitel
14 Handrückenpunkt

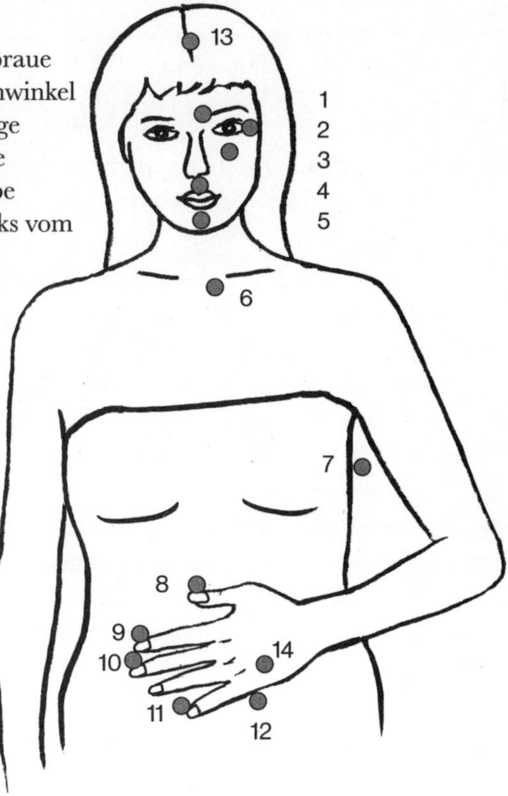

› Alle Punkte werden der Reihe nach – in Ihrem individuellen Tempo – *fünf bis zehn* Mal leicht geklopft, während gleichzeitig der Behandlungssatz laut ausgesprochen wird. Klopfen Sie die Punkte zart, aber doch so, dass Sie einen deutlichen Impuls geben. Die Berührung soll angenehm sein.
Klopfen Sie mit einem oder mehreren Fingern.

Nur der Scheitelpunkt und die Punkte unter Nase und Lippe sind ohne Spiegelbild. Alle anderen haben eine Entsprechung auf der anderen Körperseite. Klopfen Sie dort, wo es Ihnen am angenehmsten ist. Ob Sie dazu die rechte oder die linke Hand nehmen, ist Ihnen überlassen.

Vielleicht beginnen Sie mit einem Probelauf, um sich mit den Punkten vertraut zu machen. Sehr bald wird Ihnen dann die Abfolge ganz selbstverständlich sein.

8. Die Handrücken-Kombination

Den Behandlungen mit Meridianenergie-Techniken liegt die Theorie zugrunde[17], dass die Gehirnfunktionen, die mit einem Problem verbunden sind, durch das Klopfen und die Ausrichtung der geistigen Konzentration ausgeglichen werden. Aus diesem Grund muss jedes Problem gesondert behandelt werden, denn jedes Problem hat so etwas wie seine eigene unverwechselbare Schwingung. Nur wenn das Klopfen und die Konzentration auf diese Frequenz eingestellt sind, kommt es zur Auflösung des Themas.

Die Stimulierung der Punkte 1–13 ist die so genannte Hauptbehandlung, während die Handrücken-Kombination als Nebenbehandlung eingestuft wird, die eine komplette Behandlung abschließt und die Wirkung der Hauptbehandlung verstärken kann.

Bei der Handrückenserie werden die Gehirnhälften abwechselnd stimuliert, um neue neuronale Verbindungen zu schaffen. So kommt es zu neuen Verankerungen, zu Entspannung und Stressabbau.

Den Handrückenpunkt (14) klopfen, den Behandlungssatz aussprechen und folgendes (a. bis i.) jeweils 3-mal ausführen:

a. Augen schließen
(Jede Augenbewegung und jede Augenstellung steht mit anderen Funktionen und Bereichen im Gehirn in Zusammenhang.
UND: Die verschiedenen Augenstellungen und Bewegungen wirken konkret auf die Bereiche im Gehirn ein, die mit dem Problem in Verbindung stehen.)
b. Augen öffnen und Punkt vor sich fixieren
c. ohne Kopfbewegung scharf nach unten rechts schauen
d. ohne Kopfbewegung scharf nach unten links schauen
e. mit den Augen langsam im Uhrzeigersinn einen großen Kreis rollen
f. mit den Augen in der Gegenrichtung einen großen Kreis rollen
g. summen
(Summen Sie einfach ein paar Töne oder eine kleine Melodie. Beim Summen wird vor allem die rechte Gehirnhälfte aktiviert, während beim Zählen die linke dominant ist. Dieser Wechsel zwischen den Hälften scheint die Veränderung, die durch das Klopfen und die Konzentration auf das Problem entstanden ist, im Gehirn zu verankern.)
h. aufwärts oder rückwärts zählen, dividieren oder multiplizieren
(Vor allem die linke Hälfte des Stirnhirns spielt eine wichtige Rolle, wenn es darum geht, Angst, Trauer und Wut loszulassen.[18])
i. summen
(Das Summen wird wiederholt, weil es vorkommt, dass eine Gehirnhälfte erst dann auf die Behandlung anspricht, wenn vorher die andere Seite behandelt worden ist.)

Die Handrücken-Kombination kann als Teil der Klopfserie angewandt und einzeln als Entspannungsübung (Rapid Relaxer) eingesetzt werden.

»Sie bringt alle Systeme dazu, miteinander zu kommunizieren, während Ihre Energien ins Gleichgewicht gebracht werden. Alle beteiligten Techniken tragen dazu bei, die Gedankenenergie Ihres Gehirns zu integrieren.«[19]

9. Skalierung

Nach Abschluss eines Klopfdurchgangs wird das Thema erneut auf der Skala von 0–10 eingeordnet.

IN GEZAS FALL WAR DAS DIE 5, DENN IHR LEIDENSDRUCK WAR UM DREI PUNKTE ZURÜCKGEGANGEN.

10. Abschluss

Weitere Veränderungsbereitschaft klären

Als Abschluss sollte entschieden werden, ob ein weiterer Klopfdurchgang zum selben Thema sinnvoll ist, ob es zu Veränderungen gekommen ist und – wenn ja – wie man sich damit fühlt und was sich weiter sinnvoll anschließt.

Sind die belastenden Gefühle nicht deutlich geringer geworden, ist es wichtig zu überprüfen, ob eine weitere Reduzierung wirklich gewollt ist. Manchmal muss man sich erst an eine Veränderung und die Vorstellung ihrer möglichen Konsequenzen gewöhnen, und das braucht unter Umständen Zeit. Man sollte sich und andere nicht überfordern und keine weitere Reduktion erzwingen. Zur Arbeit mit energetischen Techniken gehört unabdingbar der Respekt vor der Macht der Veränderungen, die das Klopfen auslöst.

Wenn Sie aber nach Überprüfung der Lage mit dem Thema weitermachen wollen, dann starten Sie einen weiteren Durchgang.

Klopfsequenz mit demselben Satz wiederholen

Wenn Sie nach einem Klopfdurchgang noch keinen befriedigenden Rückgang der Belastung spüren, aber davon überzeugt sind, dass der Behandlungssatz stimmt, dann wiederholen Sie denselben Ablauf.

Beginnen Sie dieses Mal sofort mit dem 1. Klopfpunkt.

Behandlungssatz modifizieren

Wenn Sie nach einem Klopfdurchgang schon einen deutlichen Rückgang der Belastung spüren und noch bei dem Thema bleiben wollen, dann modifizieren Sie den Behandlungssatz.

Beginnen Sie damit, den Heilenden Punkt zu reiben, während Sie Ihren modifizierten Behandlungssatz aussprechen:

› *Obwohl ich noch etwas* ›***Problem einsetzen***‹ *habe,*
[mit Liebe und Akzeptanz verbinden]
liebe und akzeptiere ich mich so, wie ich bin.

IN GEZAS FALL WAR DAS:
»OBWOHL ICH NOCH ETWAS ANGST HABE, MEINEN FREUND ZU VERLASSEN, LIEBE UND AKZEPTIERE ICH MICH GANZ UND GAR, MIT ALLEN MEINEN PROBLEMEN UND UNZULÄNGLICHKEITEN.«

Weitere Widerstände einbeziehen

Wenn Sie nach einem Klopfdurchgang noch keinen befriedigenden Rückgang der Belastung spüren, aber davon überzeugt sind, dass der Behandlungssatz stimmt, dann überprüfen Sie Ihre Widerstände. Nutzen Sie die oben genannten Möglichkeiten, und wählen Sie einen oder mehrere aus.

Beginnen Sie damit, den Heilenden Punkt zu reiben, während Sie Ihren modifizierten Behandlungssatz aussprechen:

› *Obwohl ich noch etwas* ***›Problem einsetzen‹*** *habe,*
[mit Liebe und Akzeptanz verbinden]
liebe und akzeptiere ich mich so, wie ich bin.

Die wichtigsten Widerstände drehen sich um die Themen: Verdienen, Sicherheit, Möglichkeit, Erlaubnis, Motivation, Nutzen, Verlust und Identität. Am besten gehen Sie zu der Liste der wichtigsten Widerstände auf S. 54/55 zurück und fragen sich, welcher davon Ihnen das Leben schwer macht.

In Gezas Fall war die ursprüngliche Formulierung mit dem Widerstand Verdienen gekoppelt:
»Obwohl ich es nicht verdient habe, dass die Trennung von meinem Freund vernünftig und zügig abläuft, liebe … « – und das erschien ihr bei diesem Thema auch für die weiteren Runden richtig.
Bei einem anderen Aspekt ihres Trennungsthemas war es ein anderer Widerstand, den sie auflösen wollte.
Als wir zum Beispiel Gezas Angst vor einer **»Zukunft ohne ihren Freund«** klopften:
»Obwohl ich Angst vor einer Zukunft ohne meinen Freund habe, liebe … «,

HABEN WIR ZUSÄTZLICH ZUM VERDIENEN,
»OBWOHL ICH ES NICHT VERDIENT HABE, ZUKÜNFTIG OHNE MEINEN FREUND GLÜCKLICH ZU SEIN«
DEN WIDERSTAND VERLUSTANGST EINBEZOGEN:
»OBWOHL ICH ANGST HABE, DASS MIR ETWAS WICHTIGES FEHLEN WIRD, WENN ICH MICH VON MEINEM FREUND GETRENNT HABE, LIEBE ... «
AUCH DIE UNSICHERHEIT, WAS SIE MIT DER NEUEN FREIHEIT ANFANGEN WÜRDE, KAM ALS VERLUSTTHEMA HOCH UND HÄTTE GEZAS NEUANFANG BLOCKIEREN KÖNNEN:
»OBWOHL ICH MIR NICHT VORSTELLEN KANN, ALLEIN ZU LEBEN, LIEBE ... «
ZUSÄTZLICH KLOPFTEN WIR DEN WIDERSTAND SICHERHEIT, GENAUER: SELBSTSICHERHEIT:
»OBWOHL ICH VIELLEICHT NICHT SELBSTBEWUSST GENUG BIN, UM GUT MIT MEINER NEUEN FREIHEIT UMZUGEHEN, LIEBE ... «

Neues Thema formulieren

In den meisten Fällen hat sich ein Problem nach dem zweiten oder dritten Durchgang aufgelöst. Häufig tritt spätestens dann ein neues Thema ins Bewusstsein. Meistens sind die neu auftauchenden Themen sehr eng mit dem Ausgangsthema verbunden und spiegeln unterschiedliche Facetten wider. Nehmen Sie alles, was auftaucht, ernst und prüfen Sie, ob Sie damit weiterklopfen wollen.

Wenn Sie das Problem nach einem Durchgang nicht mehr spüren, gehen Sie zum nächsten Thema über.

Beginnen Sie mit dem neuen Thema wieder im Heilenden Punkt.

Manchmal verändert sich das Thema schon, nachdem nur wenige Punkte geklopft wurden. Dann müssen Sie entscheiden, ob Sie diese Veränderung für den Moment ignorieren und weiterklopfen, ob das neue Thema das alte so stark überlagert, dass Sie das alte nicht mehr spüren, und, ob die Veränderung so stark ist, dass es sinnvoll erscheint, wieder mit dem Heilenden Punkt anzufangen. Oft reicht es aus, mit dem Augenbrauenpunkt neu anzufangen. Verlassen Sie sich bei dieser Entscheidung auf Ihre Intuition.

In Gezas Fall verlagerte sich das Thema »Angst vor der Trennung« unter anderen auf die oben schon genannten Themen »Zukunft, Sicherheit und Selbstwert«.

Psychische Umkehr

Wenn sich nach dem zweiten Durchgang an der Skalierung nichts verändert hat, kann eine so genannte psychische Umkehr vorliegen.

Bei einer psychischen Umkehr läuft – salopp ausgedrückt – die Energie in den Meridianen in die falsche Richtung. »Es lässt sich mit dem Phänomen vergleichen, das zu beobachten ist, wenn die Batterien falsch herum in ein Transistorradio eingelegt wurden: Schaltet man das Radio ein, so kann es nicht funktionieren.«[20]

Diese Gegenläufigkeit bewirkt, dass der Mensch das Gegenteil von dem tut, was gut und sinnvoll für ihn wäre. Energie, die in die falsche Richtung fließt, hat eine starke destruktive Kraft: Statt uns auf eine Prüfung vorzubereiten, träumen wir von Ferien; statt Zucker zu meiden, essen wir Schokolade; statt die Klappe zu halten, plappern wir Geheimnisse aus. Jeder kennt Situationen, in denen er genau das Gegenteil dessen getan hat, was richtig gewesen wäre. Man kann diesen energetischen Fehlschaltungen während der Arbeit mit den Meridian-Techniken auf verschiedene Weise begegnen.

Zum Beispiel durch:
- Wasser trinken
- Pause einlegen
- Ausgleichsatmung
- Thymus-Klopfen
- Reiben des Heilenden Punktes bei gleichzeitiger Formulierung von Selbstliebe und Akzeptanz
- Klopfen des Handkantenpunktes bei gleichzeitiger Formulierung von Selbstliebe und Akzeptanz
- Oder klopfen Sie es gleich in alle Punkte:
  Ich liebe und akzeptiere mich ganz und gar, mit allen meinen Problemen und Unzulänglichkeiten!
  Probieren Sie diesen Satz oder einen ähnlichen einfach aus, selbst wenn es Ihnen albern erscheint, sich selbst zu versichern, dass Sie sich lieben und akzeptieren. Und auch wenn Sie nicht wirklich daran glauben, dass so etwas Merkwürdiges helfen kann.

Psychische Umkehr ist auch eine Form von Widerstand. Vielleicht sollten Sie S. 54/55 noch mal genau studieren und den einen oder anderen Widerstand zusätzlich abklopfen. Manchmal ist es sehr hilfreich, seinen Widerstand gegen das Klopfen ins Visier zu nehmen.

Zum Beispiel:

Obwohl ich nicht glaube, dass Klopfen mir hilft, …
Obwohl ich das Ganze albern finde, …
Obwohl ich das Gefühl habe, dass die energetischen Techniken nichts als Hokuspokus sind, …
Obwohl ich …

Affirmationen anschließen

»Affirmationen gehören zu den kraftvollsten Werkzeugen,
die wir für unsere persönliche Entwicklung nutzen können.
Sie sind höchst zuverlässig, einfach anzuwenden
und basieren auf einer klaren Logik.«
Gary Craig

Affirmationen sind aus dem Positiven Denken bekannt, doch an ihrem Wert gibt es viele Zweifel. Die meisten haben es mal mit dem Klassiker »Es geht mir gut. Es geht mir gut. Es geht ... « versucht und hatten wenig Erfolg damit. Doch richtig angewandt, funktionieren Affirmationen sehr zuverlässig, und sie können Veränderungsprozesse begleiten und wirkungsvoll unterstützen.

Das Geheimnis ihrer Wirksamkeit liegt allerdings in der gekonnten Anbindung an die Klopfsitzung. Es hat nach meiner Erfahrung keinen Sinn, eine Affirmation zu wählen, an die man nicht glaubt und gegen die Widerstände existieren. Erst wenn die Probleme geklopft und aufgelöst sind, fällt die Affirmation auf fruchtbaren Boden. Dann sind die Energiebahnen frei und offen, um das Neue aufzunehmen und zu verankern. Vorher hat man es mit all den Widerständen zu tun, die das Thema umlagern. Darum hilft es wenig, etwas zu affirmieren, das noch durch negative Emotionen blockiert ist. Affirmationen am Ende einer Sitzung wirken, weil die inneren Saboteure ruhiggestellt sind.

Mit einer geeigneten Affirmation als Ergänzung kann das Ergebnis der Klopfsitzung nicht nur fester verankert werden, es können ihm zusätzlich zum Beispiel mehr Entschlossenheit oder Leichtigkeit mit auf den Weg gegeben werden.

Die gelegentliche Wiederholung der Affirmation bestätigt

im Gehirn das neue Gedankenmuster, das sich durch die Meridian-Techniken gebildet hat, und das bringt uns dazu, die neue Sicht der Dinge auch langfristig beizubehalten.

Zum Beispiel:

Ich werde meine Arbeit leicht und beschwingt in Angriff nehmen.
Ich freue mich auf die neuen Herausforderungen.
Ich lasse mir helfen und aktiviere meine Selbstheilungskräfte.
Ich bin geborgen bei meinen Freunden.
Ich vertraue dem Leben und probiere fröhlich etwas Neues aus.
Ich nehme mir unbekümmert die Freiheiten, die ich brauche.
Ich achte auf meine Wünsche und erfülle sie mir.
Ich nehme Rücksicht auf meinen Körper und schone mich, so lange ich es brauche.
Ich sage meine Meinung freundlich und bestimmt.
Ich gestalte meine Zukunft so, wie es am besten für mich ist.
Ich verwirkliche meine Ziele in meinem Tempo.
Ich bestimme, was ich denke, und tue beschwingt, was ich will.
Ich verbinde mich mit anderen und baue mein Netzwerk planmäßig aus.

IN GEZAS FALL WAR DAS:
»ICH ZIEHE DIE TRENNUNG VON MEINEM FREUND SELBSTBEWUSST UND KONSEQUENT DURCH.«

Am wirksamsten sind Affirmationen, wenn sie in allen 14 Punkten geklopft werden. Als gelegentliche Auffrischung reicht es, die Affirmationen auszusprechen und dabei den Handkantenpunkt (14) mit den Fingerspitzen zu klopfen.

Sitzung beenden

Wenn Sie sich nach einigen Klopfdurchgängen schläfrig fühlen, ist das ein gutes Zeichen. Es bedeutet, dass Sie auf die Behandlung ansprechen und sich die Spannungen lösen.

Am Ende jeder Klopfsitzung sollte man sich froh, zumindest erleichtert fühlen. Hören Sie nicht abrupt auf, solange Sie noch starke, negative Gefühle bedrücken. Wenn Sie keine Zeit haben, um weiterzuklopfen oder weiteres Klopfen nicht gewollt ist, schließen Sie die Sitzung unbedingt mit einer positiven Affirmation ab, die das Thema anspricht und entschärft.

Zum Beispiel:

Ich beobachte meine Gefühle, aber ich folge ihnen nicht.
Obwohl jetzt alles in mir tost, weiß ich, dass meine Selbstheilung schon begonnen hat.
Meine starken Gefühle sind Signale. Sobald ich sie verstanden habe, lasse ich sie los.

➢ Vorsicht!

Mit den Meridian-Techniken lassen sich oft innerhalb sehr kurzer Zeit erstaunliche Resultate erzielen. Darum möchte ich einerseits darauf hinweisen, dass ich weder Heilsversprechen mache noch behaupte, dass diese Methode ein Ersatz für medizinische oder psychotherapeutische Behandlungen darstellt. Andererseits möchte ich Sie bitten, die Klopftechniken sehr achtsam einzusetzen.

Wenn Sie sich selbst oder andere klopfen, kann es zum Beispiel zu Situationen kommen, in denen die Bewertung des Problems auf eine mittlere Stufe heruntergegangen ist. Mit guten Gründen wollen Sie dann vielleicht nicht an dem Problem weiterarbeiten. Dieses Ausmaß von Wut, Angst, Schuldgefühlen oder was immer Sie plagt, scheint dann noch eine Funktion für Sie zu haben. Akzeptieren Sie das. Nehmen Sie der Situation mit einer Affirmation die Schärfe, machen Sie eine Pause und vertrauen Sie auf Ihre Selbstheilungskräfte.

Sicherlich kann man auch weiterklopfen und fragen, warum jemand an diesen Blockaden festhält, und sie damit indirekt auflösen, doch entscheidend ist das Gefühl. Wenn es bremst, dann hat das gute Gründe. Sie sollten mit sich selbst und anderen so respektvoll umgehen, dass jeder seinen Rhythmus behalten kann. Auf ungestümen Interventionen liegt kein Segen, selbst wenn sie gut gemeint sind.

Wer sich als sehr labil empfindet und viel Kraft braucht, um sich zu stabilisieren, sollte energetische Techniken nicht leichtfertig mit einer Freundin ausprobieren. Manchmal löst eine Sitzung mehr Konsequenzen aus, als zwei Laien bewältigen können. Wenden Sie sich mit Ihrem Anliegen besser an einen erfahrenen Coach oder Therapeuten. Falls Sie gerade eine Therapie machen, sprechen Sie mit Ihrem Therapeuten, bevor Sie mit dem Klopfen anfangen. Die energetische Arbeit kann ein schwaches Abwehrsystem völlig durcheinanderbringen.

Wenn Sie mit dem Klopfen größere Veränderungen einleiten wollen, nehmen Sie sich unbedingt vorher einen Moment Zeit, um zu überlegen, wie Sie mit den Konsequenzen der Veränderung zurechtkommen werden – innerlich und äußerlich. Stellen Sie sich die Frage: Wie komme ich damit zurecht, wenn ich X nicht mehr habe? Und denken Sie dabei auch an die positiven Anteile, die Sie verlieren könnten.

Ein typisches Beispiel ist eine Klientin, die sehr darunter litt, dass ihr Mann schwer krank war. Sie fühlte sich durch die Situation völlig überfordert und fing sofort an zu weinen, sobald jemand sie nach seinem Gesundheitszustand fragte. Diese Traurigkeit und das ständige Weinen empfand sie zunehmend als Ärgernis und wollte es unbedingt loswerden. Ihr Unbewusstes zeigte keinen Widerstand gegen die Auflösung, und nach wenigen Durchgängen war die Trauer verschwunden. Doch leider brachte diese Veränderung der Klientin nicht die erhoffte Erleichterung. Es fühlte sich für sie merkwürdig an, dass die Trauer verschwunden war und nichts anderes an die Stelle trat. Sie konnte jetzt zwar sachlich mit der Krankheit umgehen und das ganze Drumherum vernünftig organisieren, aber dabei empfand sie sich als kalt und herzlos. Weil sie nicht mehr so viel über die Krankheit ihres Mannes sprach und auch nicht mehr weinte, zeigte ihre Umwelt ihr auch nicht mehr so viel Unterstützung, Anteilnahme und Mitgefühl. Jetzt fehlten ihr diese Wärme und der Trost. Insgesamt war sie zwar viel weniger belastet, aber sie bekam auch viel weniger. Die Klientin wünschte sich ihre alten Gefühle zwar nicht konkret zurück, aber sie vertraute mir an, dass sie es sich beim nächsten Mal noch genauer überlegen wird, wenn sie wieder etwas unbedingt loswerden will.

Bedenken Sie diese sekundären Gewinne vor allem, wenn Sie trauern. Wenn Sie eine Trauer nicht mehr spüren, ist das sicherlich eine große Erleichterung, aber Sie müssen dann auch bereit sein, auf vieles zu verzichten, was direkt und indirekt Trost spendet. Besonders wenn jemand gestorben ist, braucht man seine Zeit, um Abschied zu nehmen und sich in der neuen Lage wieder zurechtzufinden. Und die sollte man sich unbedingt nehmen.

Doch nicht nur Trauer, auch die Auflösung aller anderen Gefühle hat Konsequenzen. Werden Sie zum Beispiel, wenn Sie nicht mehr wütend auf Ihren Vermieter sind, noch genügend Aggressionspotential haben, um ihn immer wieder an die notwendige Reparatur zu erinnern? Wie wird sich Ihre Beziehung verändern, wenn Sie nicht mehr eifersüchtig sind? Hat vielleicht auch ein gewaltiger Liebeskummer eine Zeit lang sein Gutes? Ist Scham nicht manchmal ein Schutz vor Distanzlosigkeit? Gibt Ihnen das Konkurrenzverhältnis zum Kollegen vielleicht die notwendige Energie für den Wettbewerb? Ist der

Ärger über den Partner nicht manchmal auch die Chance, sich zu distanzieren? Wenn Menschen keine Schuldgefühle mehr hätten, wäre das der Himmel oder wäre es die Hölle?

Wenn es keine Lösung gibt, ist jedes Symptom auf seine Weise sinnvoll und der bestmögliche Kompromiss in dieser schwierigen Lage. Bevor man es zum Verschwinden bringt, sollte man sich diesem Gedanken stellen. Oft möchte man nur etwas Linderung und keine neue Herausforderung. Auch darauf hat man ein Recht. Lassen Sie die möglichen Folgen einer Veränderung vor Ihrem inneren Auge Revue passieren. Schliddern Sie nicht unbewusst in neue Situationen hinein und stiften damit neue Unordnung und neues Unglück. Mit der Selbstbeobachtung und den Meditationstechniken sind Sie gut gewappnet.

Ein gewisser Schutz gegen Entgleisungen scheint jedoch in den meisten Menschen verankert zu sein. Das Unbewusste spielt normalerweise nicht mit, wenn es über gewisse Grenzen gehen soll. Sehr schwierige Themen kommen nur hoch, wenn unserem inneren Zensor der vorgegebene Rahmen angemessen erscheint. Selbst in einem geschützten Raum lässt das Unbewusste selten mehr frei, als ihm sinnvoll erscheint. Aus diesem Grund hakt man manchmal fest, wenn man versucht, etwas Schwieriges allein aufzulösen. Einige Themen kann man nicht allein bewältigen. Wenn Sie merken, dass Sie an einem solchen toten Punkt angelangt sind, bitten Sie einen Therapeuten oder einen guten Coach um Unterstützung. Eine Freundin ist mit einer schwierigen Situation schnell überfordert.

Lassen Sie sich mit dieser Warnung nicht die Freude am Ausprobieren nehmen, passen Sie einfach gut auf das auf, was Sie tun.

Ablaufplan einer Sitzung mit Meridian-Klopfen

1. Herausarbeiten des Problems
2. Skalierung (0–10)
3. Ausgleichsatmung
4. Die Thymusdrüse im Dreiviertetakt klopfen und lächeln
5. Der Heilende Punkt:
   massieren und die Formulierungen jeweils dreimal wiederholen
   – Das Problem formulieren
   Obwohl ich ›Problem einsetzen‹ habe,
   [mit Liebe und Akzeptanz verbinden]
   liebe und akzeptiere ich mich so, wie ich bin.
   – Widerstände formulieren
   Obwohl ich es nicht verdient habe, ›Problem einsetzen‹ zu verlieren,
   [mit Liebe und Akzeptanz verbinden]
   liebe und akzeptiere ich mich so, wie ich bin.
6. Behandlungssatz bestimmen
7. Klopfsequenz mit Behandlungssatz:
   Klopfen der Punkte 1–13, gleichzeitig den Behandlungssatz laut aussprechen (z. B.: *»meine Angst vor«, »meine Wut auf«, »meine Trauer« …*)
8. Den Handrückenpunkt (14) klopfen, den Behandlungssatz aussprechen und folgendes jeweils 3-mal ausführen:
   – Augen schließen
   – Augen öffnen und Punkt vor sich fixieren

- Ohne Kopfbewegung scharf nach unten rechts schauen
- Ohne Kopfbewegung scharf nach unten links schauen
- Mit den Augen langsam im Uhrzeigersinn einen großen Kreis rollen
- Mit den Augen in der Gegenrichtung einen großen Kreis rollen
- Summen
- Aufwärts oder rückwärts zählen, dividieren oder multiplizieren
- Summen

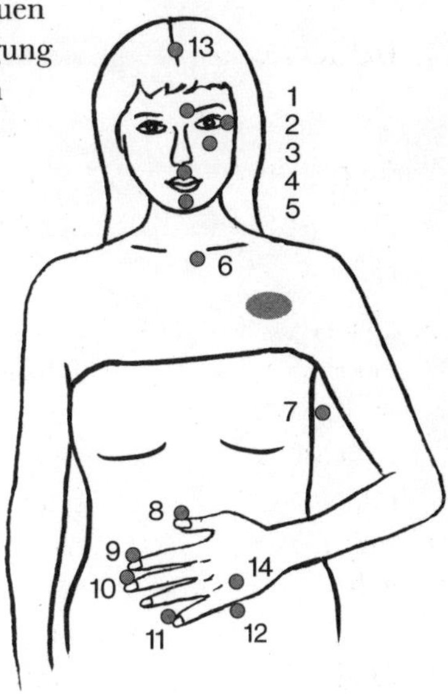

9. Skalierung (0–10)
10. Abschluss:
    Weitere Veränderungsbereitschaft klären, danach einen der folgenden Schritte einleiten:
    - Klopfsequenz mit demselben Satz wiederholen
    - Behandlungssatz modifizieren
    - Weitere Widerstände einbeziehen
    - Neues Thema formulieren
    - Mögliche Psychische Umkehr berücksichtigen
    - Affirmation anschließen
    - Sitzung beenden

3. *Ordnung durch Selbstbewusstsein: Ich liebe mich und akzeptiere das Leben, wie es ist*

Freiheit

Ein Mensch war schwer beladen unterwegs. Auf dem Rücken trug er einen gewaltigen Rucksack voller Sand. Auf dem Kopf balancierte er einen Korb mit einer Melone und an seinen Füßen klirrten massige Eisenketten. So schleppte er sich durchs Leben, als er jemandem begegnete, der ihn fragte:

»Wozu schleppst du diesen schweren Rucksack voller Sand mit dir herum?«

Erst bei dieser Frage spürte er, wie schwer das Gewicht auf seinen Schultern lastete und wie unnötig der Sand für ihn war. Also nahm er den Rucksack ab, schüttete den Sand in ein Schlagloch und dehnte und reckte sich.

Während er weiterging, war er ganz erstaunt, wie viel leichter ihm das Gehen fiel. Dann begegnete ihm wieder jemand, und der fragte ihn:

»Warum trägst du diese halb verfaulte Melone auf dem Kopf? Sieh dich um, überall hängen Früchte an den Bäumen, und es sind genug für alle da!«

Der Mensch sah sich um und erkannte, dass der andere die Wahrheit gesagt hatte. Also nahm er gern den Korb ab und ließ die Melone für Vögel und Ameisen zurück. Als er weiterging, genoss er das neue Gefühl von Beweglichkeit.

Noch einmal begegnete ihm jemand, und der fragte ihn:

»Wozu trägst du denn diese schweren Eisenketten an den Füßen?«
Erstaunt blickte der Mensch an sich hinunter, denn er hatte sich so an seine Ketten gewöhnt, dass er sie ganz vergessen hatte. Selbst das Klirren hatte er überhört.
Nachdem er sich entschieden hatte, auch diesen Ballast loszulassen, schritt er weit aus und genoss das Gefühl von Freiheit.

Auch wenn uns nicht ständig jemand begegnet, der uns darauf aufmerksam macht, wo wir noch Ordnung schaffen und Ballast loswerden können, sind wir unserem inneren Chaos doch nicht hilflos ausgeliefert. Mit der Schulung der Selbstbeobachtung schärfen wir unsere Wahrnehmung, und so können wir uns dann auch die zentralen Fragen selbst beantworten: Gehe ich gut mit mir um? Liebe und akzeptiere ich mich so, wie ich bin?

» Wer sein Leben in Ordnung bringen will, muss zuerst sein Haus aufräumen«, sagen die Chinesen und meinen damit sowohl das äußere wie das innere Haus. Doch was man ordnen will, muss man genau kennen. Wer sich in einem winzigen Eckchen eingerichtet hat, besitzt keinen Überblick über das Ganze. Er weiß nichts über die Vielfalt der Räume, die unterschiedliche Einrichtung, den Einfluss von Licht und Schatten, die wechselnden Tages- und Jahreszeiten. Und auch die Besucher, die immer mal wieder auftauchen und anklopfen, sieht er nur aus der Perspektive, die das Eckchen erlaubt.

»Kehren Sie heim zu sich selbst, beobachten Sie sich.«[21] Mit der Schulung der Selbstbeobachtung gewinnen wir den Kontakt zu uns selbst zurück und beginnen, uns zu akzeptieren und zu lieben. Und das heißt: Wir kommen bei uns selbst an. Immer direkter und genauer spüren wir, was sich in uns abspielt. Und mehr und mehr können wir darauf Einfluss nehmen. Auf diesem Weg entwickeln wir nicht nur Selbstliebe und Akzeptanz, sondern auch die Klarheit, die wir zum Aufräumen brauchen.

Angst als Hindernis

Angst ist eine zentrale, wenn nicht sogar die vorherrschende Emotion in unserer Zeit:

Angst vor der Zukunft, Angst vor Veränderungen, vor Strafe, vor dem Verlust des Arbeitsplatzes, vor terroristischen Anschlägen, vor Krisen, vor Krankheiten, davor, nicht geliebt zu werden und einsam zu sein, die Angst, sich lächerlich zu machen, ausgegrenzt zu werden, etwas falsch zu machen, die Angst vor Menschenmengen, vor großen Plätzen, vor öffentlichen Auftritten, die Angst, im Aufzug zu fahren. Die Angst, anders zu sein, nicht sichtbar zu sein ebenso wie die Angst vor dem Gegenteil. Wer Angst hat, nimmt nicht mehr genau wahr, denn die Angst überschattet die Realität und verändert sie. Das ist besonders gefährlich, weil uns Angst häufig und in so vielen Varianten begegnet. Wir fürchten das Leben und wir fürchten den Tod. Damit sitzen wir in einer Falle. Wer sich retten will, braucht die Erfahrung von Handlungsfähigkeit, um die alten Erfahrungen von Hilflosigkeit zu überwinden. Bewusstheit und Meridian-Klopfen aktivieren die Selbstheilungskräfte und stärken das Selbstbewusstsein. Denken Sie an das Stehaufmännchen: Es wackelt manchmal bedenklich hin und her, aber es richtet sich immer wieder auf.

Angst vor dem Alleinsein

Meine Klientin war Mitte fünfzig. Ihr Mann hatte sie vor sieben Jahren verlassen. Seitdem lebte sie allein mit ihrem Sohn. Obwohl sie berufstätig ist und einen stabilen Freundeskreis hat, war der Sohn zum Mittelpunkt ihres Lebens geworden. Jetzt hatte er sein Abitur gemacht und würde bald aus dem Haus gehen. Lange hat sie die Realität verdrängt, doch mittlerweile war die Angst vor dem Alleinleben so groß geworden, dass sie sich Unterstützung bei der Vorbereitung auf die neue Lebensphase wünschte.

1. Durchgang

Thema: »Angst vor dem Alleinsein«

Skalierung: 7

Ausgleichsatmung

Thymusdrüse im Dreivierteltakt klopfen … und lächeln.

Heilender Punkt:
- **Das Problem formulieren**
  *Obwohl ich ›**Angst habe, plötzlich allein zu sein**‹,*
  [mit Liebe und Akzeptanz verbinden]
  liebe und akzeptiere ich mich voll und ganz.
- **Widerstände formulieren**
  *Obwohl ich es nicht verdient habe, ›**meinen Sohn angstfrei loszulassen**‹,*
  [mit Liebe und Akzeptanz verbinden]
  liebe und akzeptiere ich mich voll und ganz.

Die Klopfsequenz mit dem Behandlungssatz:
Meine Angst, ohne meinen Sohn sehr allein zu sein.

Skalierung nach der Klopfsequenz: 4

Ergebnis der Nachbesprechung:
Das Thema hat sich verändert. Jetzt steht die »Angst vor der Nutzlosigkeit« im Vordergrund.

Skalierung: 6

2. Durchgang

Klopfsequenz mit neuem Behandlungssatz:
Meine Angst, mich nutzlos zu fühlen, wenn mein Sohn ausgezogen ist.

Verwandelt sich in:
Meine Angst, keinen Ansprechpartner mehr zu haben.

Verwandelt sich in:
Meine Angst, dass sich niemand für mich interessiert.

Skalierung nach der Klopfsequenz: 3

Ergebnis der Nachbesprechung:
Das Thema hat sich nicht verändert. Es bleibt ein kleiner, unbehaglicher Rest von der Angst, dass sich niemand für die Klientin interessiert.

3. Durchgang

Klopfsequenz mit dem alten Behandlungssatz und der restlichen Angst:
Meine ***restliche*** *Angst, dass sich niemand für mich interessiert.*

Skalierung nach der Klopfsequenz: 0

Ergebnis der Nachbesprechung:
Das Thema ist aufgelöst, doch ein neuer Aspekt ist aufgetaucht: »die Angst, sich wertlos zu fühlen, wenn sie nicht mehr gebraucht wird«.

Skalierung: 7

4. Durchgang

Klopfsequenz mit dem Behandlungssatz:
Meine Angst, mich wertlos zu fühlen, wenn ich nicht mehr für jemanden sorge.

Skalierung nach der Klopfsequenz: 1

Ergebnis der Nachbesprechung:
Das Thema hat sich aufgelöst. Die Klientin ist fröhlich und hat Lust auf eine Affirmation, die sie in der nächsten Zeit begleitet.

Affirmation, mit der Klopfsequenz verankern:
Ich blicke optimistisch in die Zukunft und ich weiß, dass ich wichtig und interessant bin.

• • •

Das, was die meisten Menschen daran hindert, ihr Leben fröhlich und stark in die Hand zu nehmen, ist Angst in allen ihren Erscheinungsformen. Zum Beispiel Angst vor dem, was zum Vorschein kommen könnte, wenn man sich realistisch in seinem ganzen Spektrum von Eigenschaften betrachtet. Es ist die Angst, nicht gut genug und nicht liebenswert zu sein. Angst hindert uns daran, uns unbekümmert selbst zu lieben, denn seit Kindertagen wird uns eingebläut, dass wir unsere Interessen hintanstellen müssen. *Egoist* heißt das hässliche Schimpfwort, mit dem Stimmung gemacht wird und vor dem sich Kinder fürchten sollen.

Selbst christliche Eltern beherzigen das biblische Gebot nicht: Liebe deinen Nächsten wie dich selbst. Auch sie bringen ihren Kindern statt der in der Bibel geforderten Selbstliebe eher Selbstverleugnung bei. Diese Lektion prägt die meisten Menschen für ihr ganzes Leben, und zwar in einem so starken Ausmaß, dass viele Erwachsene den Kontakt zu ihren Gefühlen verloren haben. Oft spüren sie Liebe, Trauer oder auch Wut nicht oder erst lange nach der auslösenden Situation.

Gönne dich dir selbst!
Sei wie für alle anderen auch für dich selbst da.
Bernard von Clairvaux an Papst Eugen III

Hören Sie auf, sich für schlecht zu halten, wenn Sie Ihre Interessen verfolgen. Lassen Sie die Angst, dass Sie jemand als egoistisch bezeichnen könnte, hinter sich. Es ist gut und sinnvoll, zuerst an sich selbst zu denken, denn nur dann können wir uns und eventuell auch anderen angemessen helfen. Denken Sie ganz konkret an die Ansage aller Fluglinien: Im Fall von Sauerstoffmangel nehmen Sie zuerst selbst die Maske und befestigen sie, ***bevor*** Sie anderen helfen.

Doch statt uns kennen und lieben zu lernen, tappen wir oft lieber mit halbgeschlossenen Augen durch unser Leben. Viel hilft das nicht, denn gerade das, was man nicht anschauen will, verlangt irgendwann hartnäckig nach Aufmerksamkeit. Verdrängen funktioniert nicht unbegrenzt. Dagegen wehrt sich unser Unbewusstes. Irgendwann konfrontiert es uns damit.

Angst vor beruflicher Veränderung

Meine Klientin war Mitte vierzig und eine gut bezahlte und beliebte Personalfrau. Doch mit dem neuen Boss fühlte sie sich nicht mehr wohl. Sie hatte das Gefühl, dass er sie nicht schätzte. Eine Erfahrung, die sie nicht kannte und die sie stark verunsicherte. Mittlerweile lag ihr ein attraktives Angebot einer anderen Firma vor, aber sie traute sich nicht, eine bindende Entscheidung über einen Stellenwechsel zu treffen.

1. Durchgang

Thema: »Angst zu kündigen, obwohl es eine attraktive Alternative gibt«

Skalierung: 7

Ausgleichsatmung

Thymusdrüse im Dreivierteltakt klopfen ... und lächeln.

Heilender Punkt:

- **Das Problem formulieren**
  *Obwohl ich ›**Angst habe, zu kündigen**‹,*
  [mit Liebe und Akzeptanz verbinden]
  liebe und akzeptiere ich mich voll und ganz.
- **Widerstände formulieren**
  *Obwohl ich es als gefährlich empfinde, ›**meinen sicheren Arbeitsplatz zu kündigen**‹,*
  [mit Liebe und Akzeptanz verbinden]
  liebe und akzeptiere ich mich voll und ganz.

Die Klopfsequenz mit dem Behandlungssatz:
Meine Angst, zu kündigen.

Skalierung nach der Klopfsequenz: 3

Ergebnis der Nachbesprechung: Das Thema hat sich verändert in »Angst, in der neuen Position zu versagen«.

Skalierung: 7

2. Durchgang

Heilender Punkt:

- **Das Problem formulieren**
  *Obwohl ich ›**Angst habe, in der neuen Position zu versagen**‹,*
  [mit Liebe und Akzeptanz verbinden]
  liebe und akzeptiere ich mich voll und ganz.
- **Widerstände formulieren**
  *Obwohl ich vielleicht nicht alles tue, um ›**in der neuen Position erfolgreich zu sein**‹,*
  [mit Liebe und Akzeptanz verbinden]
  liebe und akzeptiere ich mich voll und ganz.

Klopfsequenz mit neuem Behandlungssatz:
Meine Angst, in der neuen Position zu versagen

Verwandelt sich in:
Meine Angst, meine netten Kollegen zu verlieren
Verwandelt sich in:
Meine Angst, in der neuen Position schutzlos zu sein

Skalierung nach der Klopfsequenz: 1

Ergebnis der Nachbesprechung:
Erleichterung und der Entschluss, zu kündigen.

Affirmation, mit der Klopfsequenz verankern:
Ich gehe meine neuen Aufgaben selbstbewusst und fröhlich an.

• • •

Jeder Mensch ist anders. Jeder ist einzigartig. Und darum gilt: Jeder hat seine individuellen Wünsche und Ängste. Jeder ist an einem bestimmten Punkt seiner Entwicklung und seines Weges, andere sollten mit Wertungen darüber vorsichtig sein. Was dem einen Angst macht, das bemerkt der andere kaum und umgekehrt. Beim Meridian-Klopfen geht es darum, die Blockaden, die durch die negativen Gedanken aufgebaut wurden, aufzulösen und damit die Ursachen dafür, dass wir uns schlecht fühlen.

Wenn wie im obigen Beispiel die Angst, zu kündigen, aufgelöst wird, kann man die Situation klar und unverstellt betrachten und hat Zugang zu einem reichen Reservoir an neuen Möglichkeiten.

Wenn Sie anfangen, selbst zu klopfen oder sich klopfen zu lassen, werden Sie sehr bald spüren, dass Ihre Ängste weniger werden und dass Sie auch besser mit anderen Belastungen und dem Alltagsstress zurechtkommen. Sie kennen jetzt Techniken, die Sie jederzeit selbst anwenden können, um Ordnung in Ihrem verwirrten Kopf herzustellen. Und um ein lädiertes Selbstwertgefühl wieder aufzubauen. Der zentrale Satz dazu heißt immer:

Ich liebe mich so, wie ich bin!

Es ist ein Ziel dieses Buchs, dass Sie diesen Satz aus vollem Herzen bejahen. Eigenliebe bedeutet Einssein mit sich selbst. Es ist weder egoistisch, noch unsozial, sondern überlebenswichtig. Erst mal muss man mit sich selbst klarkommen, bei sich selbst aufräumen, dann kommt der nächste Schritt. Bei diesem Aufräumen soll nicht mehr herauskommen als die einfache Feststellung: So, wie ich bin, bin ich wertvoll. Mit allen Macken, allen Problemen, allen Rätseln. Ich bin O. K. Du bist O. K. Die Einladung zu Selbstliebe und Akzeptanz lockert das enge Korsett von Ansprüchen, die wir an uns haben, und lässt Puste zum Durchatmen. Selbstliebe beflügelt die Kraft, Ordnung zu schaffen und Probleme anzufassen.

Einen Menschen glücklich machen

> Ein Geschäftsmann kam zu einem Zen-Meister, um ihn zu fragen, was das Geheimnis eines erfolgreichen Lebens sei.
> Der Meister antwortete ihm: »Mach jeden Tag einen Menschen glücklich!«
> Nach einer Weile fügte er hinzu: » ... auch wenn du dieser Mensch bist.«
> Und nach einer weiteren Weile fügte er noch hinzu: »Vor allem, wenn du dieser Mensch bist.«

Wenn es Ihnen beim Heilenden Punkt Probleme macht, »Ich liebe und akzeptiere mich« zu sagen, weil Sie zu weit von diesen Gefühlen entfernt sind, können Sie genau das zum Thema machen:

Obwohl ich keine guten Gefühle für mich wahrnehmen kann, liebe und akzeptiere ich mich doch auf meine Weise.
Obwohl es mir schwerfällt, mir vorzustellen, dass ich liebenswert bin – liebe und akzeptiere ich mich trotzdem.
Obwohl es Teile in mir gibt, die mich ablehnen, bin ich ganz und gar in Ordnung, wie ich bin.

Jemand, dem die christliche Terminologie vertraut ist, könnte zum Beispiel auch sagen:

Obwohl ich mich selbst als unwert empfinde, bin ich doch Gottes Kind/Geschöpf.

Besonders schwierig ist der Zugang von Gefühlen wie Selbstliebe und Akzeptanz, wenn man sich mit schweren Schuldgefühlen oder Scham plagt. Probieren Sie aus, was Sie sagen können, aber überspringen Sie diesen Punkt nicht. Es tut weh, zu spüren, dass man schlecht von sich denkt, aber sobald Sie es sich eingestehen, kann es besser werden. Also:

Obwohl ich so völlig versagt habe, bin ich wertvoll.

Obwohl ich mich so schrecklich schäme und mir nicht vorstellen kann, dass mich noch irgendjemand mag, bin ich doch liebenswert.

Obwohl ich mich verabscheue, weiß ich, dass ich auf meine Weise in Ordnung bin.

Spielen Sie so lange mit den Sätzen, bis die Formulierung für Sie passt. Wenn Sie den Mut haben, sich diesem ganzen Schmerz zu stellen, der hinter Ihrer Selbstablehnung, hinter dem Selbsthass, den Schuldgefühlen und Ängsten steckt, heilen Sie damit viele alte Wunden. Sie schaffen die Basis für ein neues Selbstbild, und Sie werden sich sehr bald sehr wohl mit sich fühlen. Diese Auseinandersetzung kostet viel Kraft, aber sie wird Ihnen auch viel Kraft und ein neues Verhältnis zu sich selbst schenken. Es lohnt sich!

Angst, als Vater zu versagen

Mein Klient war Mitte vierzig. Vor zwei Jahren hatte er eine sehr schwierige Scheidung hinter sich gebracht. Damals hatte seine Exfrau aus ihrer Verzweiflung und ihrem Zorn über die gescheiterte Ehe kein Geheimnis gemacht und sich nicht nur bei allen Freunden Luft verschafft, sondern auch bei den beiden Kindern. Die Töchter (13 und 11) wollten ihren Vater lange nicht sehen, obwohl sie vor der Scheidung ein sehr enges Verhältnis zu ihm hatten. Jetzt hatten sie endlich auf seine Versuche, wieder einen normalen Kontakt aufzubauen, reagiert und – mit Erlaubnis der Mutter – gemeinsame Ferien an der Nordsee geplant.

1. Durchgang

Thema: »Die Angst, als Vater zu versagen und dem – inzwischen leider ungewohnten – Zusammensein mit den Kindern nicht gewachsen zu sein«

Skalierung: 8

Ausgleichsatmung

Thymusdrüse im Dreivierteltakt klopfen ... und lächeln.

Heilender Punkt:

- **Das Problem formulieren**
  *Obwohl ich ›**Angst habe, mit meinen Kindern in die Ferien zu fahren**‹,*
  [mit Liebe und Akzeptanz verbinden]
  liebe und akzeptiere ich mich voll und ganz.
- **Widerstände formulieren**
  *Obwohl ich es nicht verdient habe, ›**entspannt und fröhlich mit meinen Kindern in die Ferien zu fahren**‹,*
  [mit Liebe und Akzeptanz verbinden]
  liebe und akzeptiere ich mich voll und ganz.

Die Klopfsequenz mit Behandlungssatz:
Meine Angst, mit meinen Kindern zu verreisen.

Skalierung nach der Klopfsequenz: 5

Ergebnis der Nachbesprechung:
Das Thema hat sich nicht verändert, nur abgeschwächt.

2. Durchgang

Klopfsequenz mit dem alten Behandlungssatz und der restlichen Angst:
Meine ***restliche*** *Angst, mit meinen Kindern zu verreisen.*

Skalierung nach der Klopfsequenz: 1

Ergebnis der Nachbesprechung:
Das Thema ist aufgelöst, doch ein neuer Aspekt ist aufgetaucht: »die Angst, von den Kindern abgelehnt zu werden«.

Skalierung: 6

3. Durchgang

Klopfsequenz mit neuem Behandlungssatz:
Meine Angst, wegen der Scheidung von den Kindern abgelehnt zu werden.

Skalierung nach der Klopfsequenz: 2

Ergebnis der Nachbesprechung:
Das Thema hat sich verändert. Jetzt steht die »Angst im Vordergrund, dass die Kinder ihn mit den Augen seiner Exfrau sehen.«

Skalierung: 9

4. Durchgang

Heilender Punkt mit neuer Formulierung:
*Obwohl ich ›**Angst habe, dass die Kinder mich mit den Augen meiner Exfrau sehen**‹,*
[mit Liebe und Akzeptanz verbinden]
liebe und akzeptiere ich mich voll und ganz.
– **Widerstände formulieren**
  *Obwohl ich ›**vielleicht nicht immer das Richtige tue, damit meine Kinder verstehen, dass ich sie liebe und mich immer bemüht habe, ein guter Vater zu sein**‹,*
  [mit Liebe und Akzeptanz verbinden]
  liebe und akzeptiere ich mich voll und ganz.

Neue Klopfsequenz mit dem Behandlungssatz:
Meine Angst, dass meine Kinder mich mit den Augen meiner Exfrau sehen.

Skalierung nach der Klopfsequenz: 2

Ergebnis der Nachbesprechung:
Das Thema hat sich weitgehend aufgelöst. Mehr will der Klient nicht. Er ist sehr erleichtert, wünscht sich aber noch eine Affirmation zur Verstärkung der neuen Erfahrungen.

Affirmation, mit der Klopfsequenz verankern:
Ich traue mich, meinen Kindern meine Liebe zu zeigen, und werde unbeschwerte Ferien mit ihnen zusammen verbringen.

• • •

Selbstbeobachtung als Weg

Unsere tiefste Angst ist nicht,
ungenügend zu sein.
Unsere tiefste Angst ist,
dass wir über alle Maßen kraftvoll sind.
Es ist unser Licht, nicht unsere Dunkelheit,
was wir am meisten fürchten.
Wir fragen uns, wer bin ich denn,
um von mir zu glauben, dass ich brillant,
großartig, begabt und einzigartig bin?
Aber genau darum geht es,
warum solltest du es nicht sein?
Du bist ein Kind Gottes.
Dich kleinzumachen nützt der Welt nicht.
Es zeugt nicht von Erleuchtung, sich zurückzunehmen,
nur damit sich andere Menschen nicht verunsichert fühlen.
Wir alle sind aufgefordert, wie die Kinder zu strahlen.
Wir wurden geboren, um die Herrlichkeit Gottes,
die in uns liegt, auf die Welt zu bringen.
Sie ist nicht in einigen von uns,
sie ist in jedem.
Indem wir unser eigenes Licht scheinen lassen,
geben wir anderen Menschen die Erlaubnis,
das Gleiche zu tun.
Wenn wir von unserer eigenen Angst befreit sind,
befreit unser Dasein auch die anderen.

Nelson Mandela
(Auszug aus seiner Antrittsrede als Präsident von Südafrika)

Angst trübt oft unseren Blick, darum reicht manchmal der Mut, genau hinzuschauen, um einer Situation den Stachel zu nehmen. Schon die Vorstellung, dass man etwas bewegen kann, erleichtert den ersten Schritt und verändert den Blick auf die Welt und auf sich selbst. In einem klaren Blick liegen der Beginn einer Veränderung und die Chance, immer besser von sich selbst zu denken. Positives Denken kann man genauso zu seiner Gewohnheit werden lassen wie negatives. Wenn Sie etwas erfreulich finden, anregend oder stimulierend, verändert sich sofort Ihre körperliche Befindlichkeit: Die Energie fließt leichter. Sie richten sich auf, das Herz schlägt schneller und Ihre Selbstheilungskräfte können unbehindert arbeiten. Je mehr Anregung und Freude Sie in Ihr Leben lassen, umso mehr fühlt sich das Gehirn aufgefordert, mehr von diesen guten Gefühlen zu produzieren. Und: Glückliche Menschen sind auch angenehmere Menschen. »Sie sind aufmerksamer und eher bereit, das Gute in anderen zu sehen. Sie setzen sich mehr für das Gemeinwohl ein und schaffen es bei Verhandlungen besser, allen Beteiligten zu ihrem Recht zu verhelfen.«[22]

Um Ihre Aufmerksamkeit darauf zu lenken, was Sie glücklich macht, und Ihr Gefühl dafür zu sensibilisieren, könnten Sie ein Glückstagebuch schreiben.

◆ Das Tagebuch der guten Dinge

Wer die schönen Augenblicke, auch die kleinen erfreulichen Begegnungen und die angenehmen Zufälle aufschreibt, richtet seine Aufmerksamkeit auf das, was er als positiv erlebt. »Zufriedenheit setzt sich wie ein Mosaik aus vielen glücklichen Momenten zusammen. Und sich dieser Augenblicke des Glücks bewusst zu werden, ist ein sicheres Mittel, das Unglück hinter sich zu lassen.«[23] Damit man beim Nachlesen nicht in die Versuchung kommt, das Schöne kleinzumachen, ist es wichtig, zu jeder Begebenheit, die man auf-

schreibt, auch eine Bewertung auf einer Skala von 0–10 hinzuzufügen.
Mit einem Glückstagebuch filtern Sie heraus, was Sie froh macht, Sie ziehen mehr davon in Ihr Leben, und Sie lernen eine ganze Menge über sich selbst.

◆

Wenn wir etwas Neues in Angriff nehmen, uns gut fühlen und optimistisch sind, funktioniert auch das Gehirn geordnet. Der IQ steigt, wir sind kreativer und lernen leichter. Die Veränderung geht sogar so weit, dass wir ethischer und emotional reifer urteilen, denn: »Alles Gute des Gehirns hängt von seinem geordneten Funktionieren ab.«[24]

Das Gehirn liebt es zu lernen, und bis ins hohe Alter hinein kann es immer wieder neue Verknüpfungen bilden, alte Programme auflösen und für neue Orientierungen Platz machen. Hilfreich auf diesem Weg ist alles, was die Aufmerksamkeit trainiert. Dazu gehört die Schulung der Bewusstheit ebenso wie die Meridian-Techniken, die den alten Ballast verschwinden lassen.

◆ Gedanken benennen

Eine aus der Vipassana-Tradition stammende Meditation eignet sich besonders gut als Einstieg in die Selbstbeobachtung: Gedanken beobachten und benennen.
Unser Alltag ist geprägt durch Wiederholungen, durch bestimmte sich gleichende Verhaltensmuster und Reaktionen: Immer wenn uns jemand so von oben herab ansieht wie

unsere alte Lehrerin, werden wir pampig. Wir müssen nur hören, wie jemand in der Tonlage unserer Mutter spricht, schon zucken wir zusammen. Sobald wir jemanden mit Sommersprossen sehen, haben wir Lust auf einen Flirt. Der Duft von Lebkuchen macht manche Menschen hungrig, anderen schnürt sich der Magen zu. Jeder Mensch hat seine eigenen Muster und wenn der Auslöser gedrückt wird, reagieren wir stereotyp. Doch meistens bemerken wir das überhaupt nicht. Viele dieser Muster schränken uns ein, behindern Veränderungen und blockieren den freien Fluss unserer Energie. Solange wir sie uns nicht bewusst machen, sind wir ihre Gefangenen. Erst die Bewusstwerdung öffnet die Tür zur Freiheit. Sobald wir anfangen, uns zu beobachten, fangen wir an, uns zu verändern. So entsteht Raum für Klarheit und Ordnung.

— Setzen oder legen Sie sich entspannt hin und erlauben Sie sich eine Auszeit.
— Atmen Sie einige Male bewusst ein und aus. Spüren Sie, wie der Atem ein- und ausströmt. Werden Sie sich bewusst, dass ein Teil von Ihnen Ihren Atem beobachtet. Dieser Teil beobachtet auch Ihre Gedanken. Nehmen Sie seine Beobachtungen zur Kenntnis und benennen Sie sie:
  Der Gedanke, dass ich noch einkaufen gehen muss … der Gedanke, dass ich eigentlich besser aufräumen sollte, als hier zu sitzen … der Gedanke, dass es blöd ist, seine Gedanken zu benennen … der Gedanke, dass ich noch Monika anrufen muss … der Gedanke, dass es mir etwas langweilig wird … der Gedanke, dass …
— Bewerten Sie nicht, beobachten und benennen Sie, was auftaucht. Es geht nur darum, achtsam zu werden, für das, was auftaucht.

- Kehren Sie immer wieder zu der Benennung der Gedanken zurück.
- Sie werden häufig in Tagträumereien versinken, grübeln oder planen. Das ist normal. Kehren Sie dann gleich, ohne sich Vorwürfe zu machen, wieder zu Ihrer Aufgabe zurück.

◆

Wenn Sie sich über einen längeren Zeitraum und mit einer gewissen Regelmäßigkeit auf diese Form der Meditation einlassen, werden Sie nicht nur bei der Übung, sondern auch in Ihrem Alltag mehrere wertvolle Folgen spüren: Ihre Willenskraft wird ebenso gestärkt wie Ihre Konzentrationsfähigkeit, denn um bei der Aufgabe, »dem Benennen der Gedanken«, zu bleiben, brauchen Sie Stehvermögen und Konzentration. Die Erfahrung, dass Sie diese Aufgabe ernst nehmen, vertreibt Ohnmachtsgefühle und gibt Energie für Veränderungen. Mit dieser Übung beginnt man, sich selbst ernst zu nehmen und wertzuschätzen. Die Gewohnheit zur automatischen Bestandsaufnahme dessen, was Sie denken und fühlen, ist ein Weg zu größerer Bewusstheit, Selbstliebe und mehr Klarheit im Leben.

Sobald wir unser Innenleben beobachten, verliert »das Außen« an Einfluss, denn wir werden immer mehr zu unserem eigenen Maßstab. Zudem ist der Prozess des Nach-innen-Schauens die Entdeckungsreise, die wir brauchen, um unser Leben wirklich in Besitz zu nehmen. Bewusstheit ermöglicht freie Entscheidungen: Nur was man erkennt, kann man auflösen. Nur die Belastungen, die man spürt, nur die Gefühle, die man zulässt, können sortiert werden. Und: Das, was man versteht, kann man lieben!

Um klar zu sehen, reicht oft ein Wechsel der Blickrichtung

Wenn die sicherste Art, sich selbst auf die Schliche zu kommen und seine Verhaltensmuster zu erkennen, die Selbstbeobachtung ist, dann müssen wir uns eben umschleichen wie Detektive. Die Meditation ist ein guter Weg, aber auch der Alltag ist ein perfektes Übungsfeld. Vielleicht fangen Sie damit an, dass Sie sich selbst beobachten, wenn Sie morgens das Büro betreten. Was tun Sie als Erstes? Was erwarten Sie als Reaktion auf Ihr Verhalten? Wie verhalten Sie sich, wenn das nicht passiert? Nur das, was Sie bewusst erkennen, können Sie verändern.

Nur wenn Sie Ihren Ballast erkennen, können Sie entrümpeln.

Sie werden Ihre Entscheidungen ganz anders treffen, und vielleicht treffen Sie auch ganz andere Entscheidungen, wenn Sie sich dessen bewusst sind, was Sie tun. Wenn Sie sich zum Beobachter Ihrer selbst machen, dann achten Sie darauf, welche Impulse Sie antreiben, welche körperlichen Sensationen wirken, welche Glaubenssysteme ihr Recht verlangen. Erst durch die kühle Beobachterposition schaffen Sie es, bewusst das zu tun, wofür Sie sich entscheiden.

Je mehr Erfahrung Sie mit der Selbstbeobachtung gewinnen, desto mehr werden Sie spüren, dass die Fähigkeit zur genauen Beobachtung hilft, die Realität in ihren vielen Schattierungen zu erkennen. Sie werden lernen, sich besser innerlich von Unangenehmem zu distanzieren und schöne Situationen intensiver zu genießen. Die Meridian-Techniken tun dann das ihre, um diesen Prozess zu unterstützen.

Prüfungsangst

Klaudia ist 25 und studiert Medizin. Seit einem halben Jahr hat sie einen Freund, der auch Medizin studiert und in den sie sehr verliebt ist. Bisher hatte im Studium alles gut geklappt. Die Medizin machte ihr Spaß, und sie hatte die vielen, zum Teil sehr schwierigen Prüfungen bisher immer bestanden. Doch seit einigen Wochen plagte sie eine unüberwindlich scheinende Arbeitsblockade. Da sie bei einer Klausur fast durchgefallen war und weitere wichtige Termine vor der Tür standen, machte Klaudia sich Sorgen um ihre Zukunft.

1. Durchgang

Thema: »Meine Unfähigkeit, mich gut vorzubereiten«

Skalierung: 8

Ausgleichsatmung

Thymusdrüse im Dreivierteltakt klopfen ... und lächeln.

Heilender Punkt:

- **Das Problem formulieren**
  *Obwohl ich ›**es nicht schaffe, mich angemessen auf meine Prüfungen vorzubereiten**‹,*
  [mit Liebe und Akzeptanz verbinden]
  liebe und akzeptiere ich mich voll und ganz.
- **Widerstände formulieren**
  *Obwohl es ›**mir nicht möglich ist, meine Prüfungsvorbereitungen ohne Widerstände anzugehen**‹,*
  [mit Liebe und Akzeptanz verbinden]
  liebe und akzeptiere ich mich voll und ganz.

Die Klopfsequenz mit Behandlungssatz:
Meine Unfähigkeit mich vorzubereiten.

Skalierung nach der Klopfsequenz: 6

Ergebnis der Nachbesprechung:
Das Thema hat sich verändert in »meine Angst, in den Prüfungen zu versagen«.

Skalierung: 6

2. Durchgang

Klopfsequenz mit neuem Behandlungssatz:
Meine Angst, in den Prüfungen zu versagen.

Skalierung nach der Klopfsequenz: 2

Ergebnis der Nachbesprechung:
Das Thema hat sich verändert in »meine Angst, dass ich meinen Freund verliere, wenn ich gut in den Prüfungen abschneide«.

Skalierung: 8

3. Durchgang

Heilender Punkt:
- **Das Problem formulieren**
  *Obwohl ich ›**Angst habe, meinen Freund zu verlieren, wenn ich in den Prüfungen besser abschneide als er**‹,*
  [mit Liebe und Akzeptanz verbinden]
  liebe und akzeptiere ich mich voll und ganz.

– **Widerstände formulieren**
Obwohl ich ***›etwas Wichtiges verliere, wenn mein Freund mich verlässt, weil ich besser in Prüfungen abschneide als er‹***,
[mit Liebe und Akzeptanz verbinden]
liebe und akzeptiere ich mich voll und ganz.

Neue Klopfsequenz mit dem Behandlungssatz:
Meine Angst, dass mein Freund mich verlässt.

Skalierung nach der Klopfsequenz: 1

Ergebnis der Nachbesprechung:
Das Thema hatte sich aufgelöst. Klaudia fühlte sich stark und selbstbewusst. Zur Unterstützung wünschte sie sich noch Beispiele für Affirmationen, die sie bei ihrem Veränderungsprozess unterstützen. Wir entschieden uns für drei Varianten, die wir verankerten und die sie wahlweise benutzen wollte.

Ich entscheide mich, meine Klausuren gut vorzubereiten und erfolgreich zu schreiben.
Ich nehme meine Interessen wahr und ziehe mein Studium mit viel Elan erfolgreich durch.
So, wie ich bin, bin ich liebenswert.

• • •

Wenn man akzeptiert, dass weder man selbst noch irgendjemand sonst perfekt ist, dann fällt es leichter, sich freundlich zu betrachten und Missgeschicke, Pannen oder richtige Krisen genauer anzusehen. Jeder tut das, was er kann. Und sicher ist niemand so streng mit Ihnen wie Sie selbst – darum wird es Zeit, dass Sie sich entspannen und Ihre Ecken und Kanten so akzeptieren, wie sie sind.

Die Lebensqualität verändert sich, wenn man weniger auf die Meinung anderer angewiesen ist. Und vor allem, wenn man sich weniger damit plagt, herauszufinden, was andere wollen, und sich mehr darauf konzentriert, was man selbst spürt, sich wünscht und erreichen will. Man agiert mehr und lässt sich immer weniger auf die Opferrolle ein. Damit ist man endlich selbst am Ruder und bestimmt die Zielrichtung.

Akzeptanz als Schrittmacherin

Zum Ordnungschaffen gehört die Akzeptanz der eigenen Person und der Wirklichkeit, so, wie sie ist: Ja, ich esse zuviel. Ja, ich war hässlich zu meiner Freundin. Ja, ich muss mir einen neuen Job suchen. Ja, ich werde aufhören zu rauchen. Ja, ich werde mich von den Menschen trennen, die mich immer wieder ausnutzen. Ja, ich brauche einen Plan für meine Zukunft. Erst nachdem man den unangenehmen Tatsachen ins Auge geblickt und sie nüchtern akzeptiert hat, öffnet sich der Weg für die nächsten Schritte.

Akzeptanz ist die Schrittmacherin beim Auflösen von Unordnung und damit öffnet sie das Tor zur Selbstverwirklichung. Sie macht den Weg frei für neue, aufbauende Lösungen. Verstehen Sie Akzeptanz nicht als frustriertes Hinnehmen dessen, was man doch nicht ändern kann. Durch Akzeptanz behält man seine Würde, man ist nicht das arme Opfer, sondern eine Person, die aus eigener Einsicht und Entscheidung handelt. Man unterwirft sich nicht, man heißt den jetzigen Zustand nicht gut, sondern akzeptiert die Tatsachen und handelt selbstbestimmt. Und im selben Moment beginnt sich die Vereisung zu lösen. Wir lassen Bewegung zu und erlauben damit der Energie wieder zu fließen.

Sobald wir eine Situation akzeptieren, öffnen wir der Realität die Tür, das Leben kann weitergehen und Ordnung und Klarheit werden eingeladen.

Das Leben hat viel Schönes, aber auch Leid, Schmerz, Trennung, Einsamkeit, Veränderung, Krankheit und Tod müssen wir akzeptieren. Das ist unveränderlich, alles gehört dazu. Doch man kann lernen, gut damit umzugehen. Das ist es wohl, was der Dalai Lama meint, wenn er sagt: »Schmerz ist unvermeidlich. Doch Leiden ist eine Entscheidung.« Die Schulung der Achtsamkeit und die Anwendung der Meridian-Techniken sind hilfreiche Werkzeuge auf diesem Weg.

Immer geht alles auf einmal schief!

Bei Helga hatte man wirklich das Gefühl, dass alles, was schiefgehen kann, auch wirklich schiefging: Sie hatte eine fiebrige Grippe, stand aber vor einer wichtigen Präsentation, die sie nicht absagen konnte. Ihre Mutter lag wegen einer Gallenoperation im Krankenhaus, ihr stark sehbehinderter Vater brauchte darum ihre Versorgung, und dann verunglückte auch noch ihr Freund, der ihr normalerweise viele ihrer häuslichen Verpflichtungen abnahm.

Sie hatte das Gefühl, dass ihr der Boden unter den Füßen weggezogen würde. Helga heulte und schniefte und war nicht in der Lage, einen vernünftigen Plan zu machen.

Ohne viel zu reden, war klar, dass zuerst mal ihre Verzweiflung geklopft werden musste.

Obwohl ich so verzweifelt bin, liebe und akzeptiere ich mich so, wie ich bin.

Nachdem sich Helga beruhigt hatte, war die nächste Frage, wie sie mit der Situation umgehen sollte. Welche Prioritäten sollte sie setzen?

Obwohl ich nicht weiß, wo ich anfangen soll, liebe und akzeptiere ich mich so, wie ich bin.

Nach mehreren Durchgängen hatte sich herauskristallisiert, dass sie akzeptieren würde, dass sie sich erst mal um sich selbst kümmern musste. Das hieß, einen guten Arzt zu finden, der ihre Grippe optimal medikamentös behandeln würde, während sie selbst ihre Gesundung durch Ruhepausen und Klopfen unterstützte.

Dann schrieb Helga eine Liste aller anstehenden Aufgaben und wer sie dabei entlasten könnte.

Während sie noch den Plan zusammenstellte, schlichen sich schon die ersten Schuldgefühle ein. Konnte sie wirklich eine Freundin zu ihrem Vater schicken?

Obwohl ich mir wie eine schlechte Tochter vorkomme, wenn ich mich nicht selbst um meinen Vater kümmere, liebe und akzeptiere ich mich selbst und das Leben, wie es ist.

Er tat sich schwer mit Fremden.

Obwohl mein Vater sich mit Fremden schwertut und ich ihm trotzdem meine Freundin schicke, liebe ich mich und akzeptiere das, was ich tue, vollständig.

Ihre Mutter wäre sicherlich auch beleidigt, wenn sie ihr eröffnen würde, dass sie keine Zeit hatte, um jeden Tag ins Krankenhaus zu kommen.

Obwohl ich Angst vor der Reaktion meiner Mutter habe, wenn ich sie nicht jeden Tag besuche, bin ich ganz in Ordnung, wie ich bin.

Und wie sollte sie ihrem Lebensgefährten klarmachen, dass sie ihn nur alle zwei Tage besuchen würde?

Obwohl ich furchtbar traurig bin, dass ich meinem Liebsten in dieser schweren Zeit nicht so beistehen kann, wie ich es möchte, tue ich das Richtige und liebe und akzeptiere mich ganz und gar.

Helga musste sich ausruhen, selbst gesund werden und

auch an ihre Präsentation denken. Die Schuldgefühle begannen, den vernünftigen Plan zu ruinieren.

Obwohl ich mich wie ein herzloses, egoistisches Monstrum fühle, liebe und akzeptiere ich mich so, wie ich bin.

Obwohl ich es nicht verdient habe, geliebt zu werden, liebe und akzeptiere ich mich so, wie ich bin.

Selbst wenn ich mir und anderen mit meinem Verhalten schade, liebe und akzeptiere ich mich so, wie ich bin.

Selbst wenn ich nicht alles tun kann, was ich von mir erwarte, liebe und akzeptiere ich mich mit allen meinen Schwächen.

In solchen Krisensituationen gibt es viel Stoff zum Klopfen. Bleiben Sie immer bei dem Gefühl, das im Vordergrund steht. Und nehmen Sie eins nach dem anderen in Angriff.

Schuldgefühle sitzen oft sehr fest. Wenn es ganz schlecht läuft, ist es wie bei einer alten Schallplatte mit einem Sprung: Eine bestimmte Sequenz wird ständig wiederholt. Der innere Dialog ist dann laut und unangenehm: Wie konntest du nur ... warum hast du nicht ... immer machst du die gleichen Fehler ...

Schuldgefühle zehren in vielen Facetten an uns und stehlen die Energie, die wir dringend für etwas anderes brauchen. Sie verderben uns den Kontakt zu unseren Mitmenschen. Sie reduzieren unsere Leistungsfähigkeit und unsere Leistungsbereitschaft und vergiften unseren Schlaf. Wappnen Sie sich darum mit Geduld. Es braucht viel Stehvermögen, um sich alle Aspekte anzusehen.

Je weniger wir unser inneres Chaos akzeptieren, umso größer wird es. Selbstbeobachtung, Akzeptanz und die Meridian-Techniken können dabei helfen, die Verstrickungen zu entdecken und sich daraus zu befreien, um neue Perspektiven zu entwickeln. Der Weg ist manchmal mühsam, aber befreiend, denn Akzeptanz holt uns aus der Einbahnstraße, die nur einen Blickwinkel zulässt. Wenn wir den Tunnelblick auf die kritische Situation erweitern, zeigen sich andere Perspektiven und die schenken uns neue Wahlmöglichkeiten. Uns geht es seelisch und körperlich besser, weil sich die Anspannung löst und die Energie wieder freier fließen kann. Akzeptanz ist eine Energieersparnis für den Körper, Stress kostet Kraft.

◆ Body-Sweeping

Meditationen sind oft sinnvoll, um sich bewusst zu machen, wie eng unsere Gefühle und unser Körper zusammengehören. Ohne Körper würden wir unsere Gefühle nicht spüren, doch weil wir einen Körper haben, können wir sie sogar lokalisieren: Trauer legt sich oft auf die Brust, Angst schlägt sich meist auf den Magen, Wut steckt häufig im Kiefer.
Über unseren Körper erleben wir uns. Körper-Meditationen sind wie andere Meditationen auch Konzentrationsübungen. Akzeptanz, Entspannung, Stressabbau und Gelöstheit sind Nebenprodukte, die sich während der Übung von selbst einstellen.
Body-Sweeping heißt frei übersetzt: den Körper durchfegen. Es ist eine Meditation aus der Theravada-Tradition, die ich bei Ayya Khema, einer inzwischen verstorbenen, wunderbaren buddhistischen Lehrerin, gelernt habe. Heute wird sie in Managementseminaren als »Bodyscannen« verkauft.

Bei dieser Meditation gehen Sie ganz langsam durch Ihren Körper - von oben nach unten - und beobachten, wie sich einzelne Partien anfühlen.

- Am besten setzen oder legen Sie sich bequem hin.
- Schließen Sie für einen Moment die Augen.
- Beginnen Sie die Übung damit, dass Sie spüren, wie es Ihren Augen geht.

  Wenn Sie sich auf die Augenpartie konzentrieren, fühlen Sie vielleicht als Erstes Ihre Zornesfalte.

  Oder das Flattern Ihrer Augenlider oder einen leichten Kopfschmerz hinter den Augen. Oder eine Verspannung. Oder ...
- Verweilen Sie einen Moment und beobachten Sie, was Sie spüren. Bleiben Sie in der Beobachterposition. Identifizieren Sie sich nicht mit dem, was Sie spüren, nehmen Sie es nur wahr: das Zucken des Lides, die Spannung an der rechten Braue, die Müdigkeit hinter dem Auge ...
- Machen Sie sich zum Beobachter, der alles, was auftaucht, akzeptiert und dann gleich wieder loslässt. Vielleicht nehmen Sie auch wahr, dass sich allein durch die Beobachtung schon etwas verändert.
- Verweilen Sie dort, wo Sie wollen und so lange, wie Sie wollen.
- Wenn Sie dann Ihre Beobachtung langsam weiterwandern lassen, spüren Sie vielleicht, dass Ihr Kiefer verspannt ist.
- Wie geht es Ihrem Nacken?
- Wenn Sie in Ihrer Vorstellung weiter heruntergehen, spüren Sie Ihren Brustkorb. Vielleicht liegt da etwas ganz Schweres drauf.
- Spüren Sie Ihre Hände.
- Was ist mit Ihrem Bauch?
- Ihren Füßen?

Die Übung ist wunderbar, weil sie viele wertvolle Aspekte vereint:

- Sie lernen sich in Ihrem Körper kennen. Ganz ohne Wertung, in reiner Akzeptanz: spüren und akzeptieren, spüren und akzeptieren, spüren ...
- Sobald Sie mit der Übung beginnen, konzentrieren Sie sich auf sich selbst. Das ist besonders in Stresssituationen hilfreich, weil man da leicht außer sich gerät. Mit dem Body-Sweeping kommen Sie wieder bei sich selbst an. Sie spüren und akzeptieren das, was ist, und eröffnen sich damit neue Perspektiven.
- Mit der Konzentration auf die Übung können Sie sich außerdem aus einem Teufelskreis von unproduktiven, negativen Gedanken retten - denn Sie konzentrieren sich ***jetzt*** auf etwas anderes.
- Statt zu werten, was Kraft kostet, spüren Sie einfach in sich hinein, akzeptieren, was auftaucht, und lassen es los, um weiter zu beobachten, was noch auftaucht. So geben Sie sich eine Auszeit, in der Sie Kraft schöpfen.

Beim Body-Sweeping geht es nicht darum, Gefühle oder Spannungen zu unterdrücken, sondern darum, sie wahrzunehmen. Sie wahrzunehmen, zu akzeptieren und dann gleich wieder loszulassen. Gute Ergebnisse fallen einem nicht gleich in den Schoß. Doch diese Übung ist ausgesprochen lohnend, wenn Sie Ihren Geist zähmen und sich beobachten wollen. Die Essenz dessen, was Sie in dieser Meditation lernen, ist Akzeptanz. Und das letztendliche Ziel ist es, dass sich Achtsamkeit und Akzeptanz über die Zeit der Meditation hinaus ausdehnen und schließlich auch im Alltag zur Gewohnheit werden.

◆

Es ist, wie es ist

Es ist Unsinn
sagt die Vernunft
Es ist was es ist
sagt die Liebe
Es ist Unglück
sagt die Berechnung
Es ist nichts als Schmerz
sagt die Einsicht
Es ist was es ist
sagt die Liebe
Es ist lächerlich
sagt der Stolz
Es ist leichtsinnig
sagt die Vorsicht
Es ist unmöglich
sagt die Erfahrung
Es ist was es ist
sagt die Liebe

Erich Fried[25]

4. *Ordnung der Gedanken: Ich bestimme, was ich denke*

Werde, der du bist

Eine Frau lag sehr schwer krank in ihrem Bett, als sie plötzlich das Gefühl hatte, dass jemand sie ansprach.
»Wer bist du?«
»Ich bin die Frau eines Arztes.«
»Ich habe nicht gefragt, wessen Ehefrau du bist, sondern wer du bist.«
»Ich bin Lehrerin.«
»Ich habe nicht nach deinem Beruf gefragt, sondern danach, wer du bist.«
»Ich bin die, die den Armen und Hilfsbedürftigen half.«
»Ich habe nicht gefragt, was du getan hast, sondern wer du bist.«
Und so fragte die Stimme immer weiter. Doch nichts, was die Frau antwortete, erwies sich als befriedigende Antwort auf die zentrale Frage »Wer bist du?«.
Als die Frau wieder gesund war, beschloss sie, die wirkliche Antwort auf diese Frage zu finden.

Die Frage »Wer bin ich?« dient Menschen seit Jahrtausenden zur Selbstfindung. Das Motto »Erkenne dich selbst« stand schon 800 Jahre vor Christi am Eingang des Orakels von Delphi in Griechenland, und es begleitet uns bis heute. Wer bin ich? Woher komme ich? Wohin will ich? Wie werde ich glücklich? Das sind Fragen, die sich uns heute in unserer schnelllebigen Zeit ebenso stellen wie unseren Vorfahren im Osten wie im Westen. Selbsterkenntnis steht am Anfang jeder sinnvollen Aufräumaktion und ist die Basis umsichtigen Handelns. Unordnung heißt Disharmonie, blockierte Energien, Sorgen, Kummer und Angst.

Wenn wir unser Denken durch Selbsterkenntnis ordnen, lassen wir den Ballast, den destruktive Gedanken verursachen, los und entscheiden uns für eine konstruktive Haltung. Selbsterkenntnis ist so etwas wie eine Kernkompetenz für ein zufriedenes, erfolgreiches Leben.

Während die in der Geschichte gestellte Frage »Wer bist du?« spirituell gemeint ist und direkt auf unsere Essenz zielt, möchte ich nur den Weg dorthin beschreiben. Und der geht ganz konkret über die Selbsterforschung. Wer bist du?, heißt hier erst mal: Was denkst du? Was geht in dir vor? Welche Motive treiben dich an? Diese Fragen öffnen die »Pforten der Wahrnehmung«.

Muster erkennen

Stellen Sie sich einen Eisberg vor. Nur die Spitze ragt aus dem Wasser heraus. Der ganze riesige Rest ist unsichtbar. So ist es auch bei Ihnen, Sie zeigen von sich nur die Spitze: Die Spitze ist Ihr Verhalten. Das ist das Einzige, was zu sehen ist. Alles andere ist versteckt. Und das ist eine ganze Menge. Es ist Ihr gesamtes Glaubenssystem mit allen Ihren Werten, Verhaltensmustern, Prägungen, Glaubenssätzen, Ihrem Selbstbild, Zielen, Träumen, Visionen, Ihrer Moral, mit Ängsten, Ansprüchen, Erwartungen, Ihrem Glauben, allen Hoffnungen, inneren Dialogen, Vorurteilen, Projektionen, Wünschen, Überzeugungen, allen Ihren inneren Antreibern und Saboteuren. Manches davon versteckt man bewusst, anderes ist unbewusst. In diesem Unbewussten liegt eine gewisse Gefahr, denn es steuert einen Großteil unseres Verhaltens.

Je weniger wir über uns wissen, desto mehr sind wir den Impulsen unseres Unbewussten ausgesetzt. Dieses mächtige System besteht aus tausenden geprüften und noch viel mehr unüberprüften Annahmen über uns selbst, die Welt und andere Menschen. Die zentralen Glaubenssätze drehen sich um unseren Wert, unsere Fähigkeiten und das Vertrauen, das wir in die Welt setzen. Die meisten dieser Annahmen bilden sich durch Erfahrungen in unserer Kindheit und sind irgendwann überholt. Wenn sie nicht überprüft und ausgewechselt werden, bestimmen sie uns noch als Erwachsene.

Unsere Annahmen drängen uns eine bestimmte Sicht auf, die sich in unseren Verhaltensmustern ausdrückt und sich in allen unseren Kontakten widerspiegelt. Unser Glaubenssystem bestimmt, wie wir die Welt sehen und wie wir denken und handeln.

Vielleicht enthalten die folgenden Glaubenssätze einige Anregungen, die Sie auf Ihre eigenen aufmerksam machen.

Was glauben Sie?

Nichts ist nur gut oder nur schlecht.
Es sind unsere Gedanken, die es dazu machen.
W. Shakespeare

Ich glaube nicht an die Macht der Umstände.
Die Menschen, die weiterkommen, sind diejenigen, die aufstehen und sich nach den Umständen umschauen, die sie gern hätten. Wenn sie sie nicht finden, dann erschaffen sie sie.
G. B. Shaw

Wann immer unsere Grenzen weiter werden, fühlen wir uns glücklich. Wann immer unsere Grenzen enger werden und wir uns mit dem kleinen Kokon identifizieren, sind wir unglücklich. Deshalb geht es nur darum, unsere Grenzen zu erweitern.
Amit Goswami

- Das Universum ist intelligent.
- Der Mensch ist schlecht.
- Viel Nachdenken schützt vor unangenehmen Erfahrungen.
- Denken ist nichts für mich, andere sind klüger.
- Ich bin kein Denker, ich bin bloß praktisch.
- Das einzig Beständige ist der Wandel.
- Religion ist Opium für das Volk.
- Menschen sind Sinnsucher.
- Jeder Mensch ist eine Insel.
- Menschen haben einen freien Willen.
- Wer wagt, gewinnt.
- Es gibt keine Zufälle.
- Nur wer intelligent ist, kommt weiter.
- Der Mensch denkt, Gott lenkt.
- Die schönsten Reisen finden im Kopf statt.
- Wenn ich einmal etwas als richtig erkannt habe, halte ich immer weiter daran fest.
- Ich glaube nichts und überprüfe alles.
- Alles ist vorbestimmt.
- Mit einer klaren Analyse kann ich alle Probleme lösen.
- Ich kann meine Glaubenssätze verändern.

Erstellen Sie Ihre eigene Liste, indem Sie zuerst Ihre Gedanken zu verschiedenen Themen sammeln und dann überprüfen, welche möglichen Konsequenzen ein Glaubenssatz für Ihr Leben haben könnte. Wie er Sie beeinflusst.

Im nächsten Schritt trennen Sie die konstruktiven von den destruktiven Glaubenssätzen. Die einen nehmen Sie wohlwollend wahr und bestärken sie eventuell durch gelegentliche Affirmation mit einem Klopfdurchgang, die anderen lösen Sie nach und nach durch Klopfen auf. Beginnen Sie im Heilenden Punkt und folgen Sie danach dem gewohnten Schema.

Heilenden Punkt massieren:

- **Das Problem formulieren**
  Obwohl ich ***›nicht glaube, dass ich meine Glaubenssätze verändern kann‹****,*
  [mit Liebe und Akzeptanz verbinden]
  liebe und akzeptiere ich mich voll und ganz.
- **Widerstände formulieren**
  Obwohl ich es nicht verdient habe, ***›dass ich meine einengenden Glaubenssätze hinter mir lasse‹****,*
  Obwohl ich glaube, ***›dass meine Glaubenssätze ein fester Bestandteil meiner Persönlichkeit sind, und das heißt unveränderbar‹****,*
  Obwohl ich mir nicht vorstellen kann, ***›den Glaubenssatz ... loszulassen‹****,*
  Obwohl ich mir nicht vorstellen kann, dass ich ***›auf den Glauben ... verzichten kann‹****,*
  Obwohl es mein ganzes Leben in Unruhe bringen würde, wenn ***›ich den Glaubenssatz ... verändern würde‹****,*
  Obwohl der Glaube ***›an ... ein Teil von mir ist, den ich festhalte, obwohl er mir schadet‹****,*
  Obwohl ich Angst habe, den ***›Glauben an ... aufzulösen‹****,*
  Obwohl mir mulmig ist, was passiert, ***›wenn ich nicht mehr glaube, dass ... ‹****,*
  [mit Liebe und Akzeptanz verbinden]
  liebe und akzeptiere ich mich voll und ganz.

Glaubenssätze können sehr fest sitzen. Wir haben uns an sie gewöhnt und unter Umständen wirken sie wie ein eiserner Bestandteil unserer Persönlichkeit und damit unserer Wirklichkeit. Dementsprechend groß sind oft die Widerstände gegen das Auflösen. Eine gute Hilfe ist es, wenn Sie ausführlich alle Aspekte Ihrer Widerstände im Heilenden Punkt ansprechen. Vielleicht ist es hilfreich, sich die zentralen Themen des Widerstands im 2. Kapitel auf S. 54/55 noch einmal zu vergegenwärtigen.

Unterstützend wirkt es auch, wenn Sie sich vorstellen, wie angenehm Ihr Leben wird, wenn Sie nicht mehr durch diesen bestimmten Glaubenssatz blockiert sind. Sie können diese Vorstellung auch als Affirmation benutzen:

Ich genieße es, immer neue Wege zu entdecken.
Ich öffne mich der Erfahrung ...
Ich erlebe ... aufmerksam und gelöst.
Ich freue mich auf das Erleben von ...
Ich erlaube mir, ... zu tun.
Ich wage, ... auszuprobieren.

Es ist uns nicht immer bewusst, aber jeder Mensch hat sein eigenes, sehr individuelles Glaubenssystem. Jeder betrachtet die Welt durch seine persönliche Brille. Sie ist durch das gefärbt, was wir erlebt haben und wie wir es interpretieren, und so filtert sie das, was wir sehen, in einem erheblichen Ausmaß. Trotzdem denken wir meistens, dass unsere Wahrheit eine objektive Realität ist. Von diesem Irrglauben muss man dringend Abschied nehmen, denn hier liegt eine Wurzel für Intoleranz. Wer glaubt, dass nur die eigene Sicht die einzig richtige ist, hat keinen Platz für andere. Auseinandersetzungen und Missverständnisse sind vorprogrammiert.

Die Forschung sagt, dass nur 10 % dessen, was wir erleben, wirklich über unsere fünf Sinne (sehen, riechen, schmecken, tasten, hören) läuft. Die restlichen 90 % unserer Wahrnehmung beruhen auf inneren Prozessen. Kurz gesagt, auf unserem Glaubenssystem. Diese Einsicht ist nicht nur deswegen besonders wichtig, weil sie unsere Sicht relativiert, sondern auch, weil sie deutlich macht, dass und in welchem ungeheuren Maß unser Glaubenssystem selbst gestrickt ist. Doch das, was man selbst gestrickt hat, kann man auch wieder verändern. Wer sich beobachtet, seine Gedanken bewusst wahrnimmt und seine Muster durchschaut, hat alle Trümpfe in der Hand.

Für einen intelligenten Menschen sollte das Leben keine Abfolge von automatischen Reflexen sein, die nur durch die Willkür des Unbewussten gesteuert sind. Wer sich kennt, kann richtig aufräumen, Störendes auflösen und sich weiterentwickeln. Das Unbewusste wird durchleuchtet und plötzlich eröffnen sich Wahlmöglichkeiten. Man verabschiedet sich aus der Endlosschleife von einengenden Verhaltensweisen und negativen inneren Dialogen und gewinnt neue Freiheiten. Spielen Sie weiter Detektiv und finden Sie heraus, welche Glaubenssätze Sie einschränken und wie damit Unordnung in Ihr Leben kommt.

Glaubenssaätze über Glück und Unglück

- Meine Möglichkeiten sind unbegrenzt. Ich kann alles erreichen.
- Ich habe alles Glück dieser Welt verdient.
- Ich bin nicht auf der Welt, um glücklich zu sein.
- Ich bin ein Glückspilz.
- Ich kann nicht glücklich sein, wenn es anderen schlecht geht.
- Ich kann mich nicht selbst aus meinem Unglück befreien.

- Jeder ist seines Glückes Schmied. Glück hat nur der Tüchtige.
- Es kommt, wie es kommt.
- Mein Leben ist Leiden.
- Man muss sein Leid still ertragen.
- Man lernt nur durch Leid.
- Jedes Unglück ist eine Herausforderung.
- Die Götter sind neidisch, wenn es mir zu gut geht.
- Jeder bekommt, was er verdient.

Gehen Sie die Liste der Glaubenssätze durch und stellen Sie fest, welche Sie verinnerlicht haben. Fügen Sie Ihre eigenen hinzu.

Unsere Glaubenssätze sind nicht das Gleiche wie unsere Wünsche. Unsere Wünsche können wir leicht mit unserem Verstand überprüfen, doch unsere Glaubenssätze liegen zu einem großen Teil in unserem Unbewussten. Dort sind sie vielseitig verwoben und verankert. Und darum ist es sehr wichtig, genau in sich hineinzuhorchen und herauszufiltern, welche Widerstände sich gegen eine Veränderung wehren und was uns sabotiert.

Wenn Sie sich beobachten, erkennen Sie sehr bald bestimmte, immer wiederkehrende Verhaltensmuster. Doch auch das Nach-innen-Horchen lohnt sich. Hören Sie Ihre inneren Dialoge? Hören Sie die Stimmen, die mit Ihnen reden? Sie loben oder kritisieren? Erkennen Sie, wer Sie lobt und wer Sie schlecht macht? Sind es die Stimmen Ihrer Eltern? Ist es die Stimme Ihrer strengen Mutter oder die Ihres sanften Vaters, die sich in Ihr Leben einmischt und Sie mit einer Flut von Kommentaren überschüttet? So lange, bis Sie sich ganz hilflos fühlen? Vielleicht sind es auch Onkel und Tanten oder andere Menschen, die in

Ihrem Leben wichtig sind oder waren, von denen Sie sich beeinflussen lassen. Wie reden Sie mit sich selbst? Liebevoll oder eher streng? Geben Sie sich so etwas wie einen liebevoll aufmunternden Klaps, oder drohen Sie sich selbst gleich mit der Peitsche?

Sobald Sie diese inneren Dialoge oder Monologe bewusst hören, können Sie anfangen herauszufiltern, was Ihre eigenen Überzeugungen sind und was Sie in Ihrem Denken von anderen übernommen haben. Während Sie sich zuhören, beginnen Sie schon, sich von allen diesen Fremdeinflüssen und alten Leiern zu trennen. Und dadurch, dass Sie es hören, ist Ihnen auch bewusst, dass das Ganze nur in Ihrem Kopf abläuft und dass Sie es jederzeit stoppen können: *Sie* wählen aus, was Sie denken.

Sobald Sie Ihr Stimmengewirr und Ihre wild wuchernden Gedanken zähmen, verlassen Sie die Opferrolle und bestimmen selbst, was durch Ihren Kopf zieht.

Unsere inneren Dialoge haben eine erstaunliche Kraft, unser Leben zu formen, denn unsere Selbstgespräche sind im Grunde nichts anderes als ständige Affirmationen unserer Glaubenssätze – der unterstützenden genauso wie der destruktiven. Sie haben uns dahin gebracht, wo wir jetzt stehen. Sie ermuntern uns und sie beschränken uns, sie sind für den Fluss und die Blockade von Energien zuständig.

Die Innenschau in der Verbindung mit den Meridian-Techniken kann uns aus diesem Morast von widerstreitenden Gedanken herausholen. Durch die Selbstbeobachtung lernt man die verschiedenen Teile von sich selbst kennen, kann sich bewusst mit ihnen auseinandersetzen und ist all diesen Impulsen nicht mehr hilflos ausgeliefert. Und: Die Beobachterposition erlaubt es, Fragen zu stellen.

Welcher Teil in mir meldet sich in diesem Moment?

Was fühlt er?

Was will er erreichen?

Es ist wichtig, dass Sie Ihren inneren Stimmen zuhören, denn dann können Sie sich von ihnen befreien. Sobald man aufhört, sich selbst zu bemitleiden, und begreift, was man sich durch Passivität antut, spürt man seine Kraft.

◆ Schlechte Gedanken durch gute ersetzen

Es gibt Zeiten, in denen man sein negatives Denken kaum stoppen kann. Wenn uns etwas drückt oder quält, dann taucht es ungebeten immer wieder auf. Je stärker wir versuchen, es zu vergessen, desto sicherer zeigt es sich wieder. Angenommen, jemand sagt zu Ihnen: »Denken Sie nicht an den weißen Elefanten.« Woran denken Sie? Bestimmt an den weißen Elefanten. Genauso sicher passiert das bei einem untreuen Freund, dem Ärger mit der Nachbarin, der drohenden Arbeitslosigkeit.

In unserem Kopf drehen sich die Gedanken zwanghaft im Kreis und nichts scheint sie stoppen zu können. Man kann sie sich nicht einfach verbieten, man muss sie austricksen. Eine sehr elegante Methode, um dem Teufelskreis des ewig gleichen negativen Denkens zu entweichen, kennt die buddhistische Schulung: schlechte Gedanken durch gute ersetzen.

Einengende, belastende, beängstigende, hemmende, lästige, hinderliche, beschränkende Sätze, die immer wieder auftauchen, werden konsequent durch konstruktive, befreiende, fröhliche ersetzt.

Legen Sie sich einen Vorrat an aufbauenden Gedanken und Bildern an und beobachten Sie sich: Sobald etwas Negatives in Ihrem Geist auftaucht, setzen Sie sofort etwas Positives dagegen.

Dass diese Methode sich bewährt hat, weiß man aus der langen tibetischen Erfahrung. Wer eine moderne Erklärung braucht, findet sie in der Hirnforschung: Alles, mit dem wir uns beschäftigen, bahnt sich Wege in unser Gehirn und je mehr wir uns mit schlechten Gefühlen beschäftigen, umso mehr verankern wir sie. Also versuchen Sie das Gegenteil: Denken Sie an Schönes, Erfreuliches, Stimulierendes und tauschen Sie das gegen den alten Ballast aus. Ihr Gehirn wird Ihre Bemühungen mit neuen Verankerungen belohnen.

Am besten legen Sie sich - wie eine Notfallapotheke - einen Vorrat von schönen Bildern an: zum Beispiel kann es die Vorstellung oder die Erinnerung an einen Platz sein, an dem Sie sich geborgen fühlen, oder eine Situation, in der Sie als Sieger dastanden. Auch etwas, das Sie zum Lachen bringt, und Erlebnisse mit Menschen, die Ihnen beigestanden haben, sind gute Komplizen gegen negatives Denken.
Setzen Sie einen Gegenpol mit etwas Erfreulichem aus Ihrem Reservoir an guten Gefühlen, sobald Sie merken, dass Sie sich mit Ihren Gedanken in einem Abwärtsstrudel befinden.

◆

Wenn Geza sich zum Beispiel an ihre schwierige Trennungssituation erinnerte oder Bilder von einer einsamen Zukunft ohne Mann und Kinder auf sie einstürmten, dann setzte sie einen kleinen inneren Film dagegen, in dem sie die Hauptperson war, die fröhlich auf einer Strandparty tanzte.

Solange unsere inneren Gerichtsverhandlungen, Diskussionen, Unterstellungen etc. unbewusst bleiben, sind wir ihr

Opfer und reagieren wie Marionetten: Das Unbewusste, vollgestopft mit geprüften und noch mehr ungeprüften Meinungen, bestimmt, was wir tun. Es zieht an den Fäden, und wir führen das aus, was irgendein Hans oder Franz uns irgendwann mal eingeflüstert hat. Und dabei wissen wir nicht wirklich, was wir tun und warum.

Mit der Selbstbeobachtung werden wir wach. Wir hören uns zu und können beschließen, dass es Zeit ist, sich von Tante Ellis Maßstäben, darüber, wie eine junge Frau sich zu verhalten hat, endgültig zu verabschieden. Doch bevor das geht, bleibt der mühsame Weg der Selbstbeobachtung, damit wir wirklich erkennen, dass es Tante Elli ist, die bestimmt, dass wir den netten Typen, der uns gestern seine Telefonnummer gegeben hat, nicht anrufen.

Oder dass es Mama ist, die uns verbietet, Geld für etwas Verrücktes auszugeben.

Oder Papa, der uns ermahnt, den vorteilhaften Leasingvertrag, der steuerlich absetzbar ist, nicht abzuschließen, sondern stattdessen das Gesparte zu benutzen, um alles bar zu bezahlen.

Oder Oma, die immer gesagt hat, dass man den Teller leer essen muss.

Vorannahmen, Ängste, Zweifel, die in unserem Geist ausgesät wurden, führen ein Eigenleben, wenn sie nicht bewusst sind. Und dieses Eigenleben kann zu dramatischen Folgen führen. Vielleicht haben Sie ein Essproblem, weil Sie als Kind zu einem bestimmten Essverhalten gezwungen wurden.

Vielleicht trauen Sie sich nicht, ein eigenes Geschäft zu eröffnen, weil man Ihnen eingetrichtert hat, dass Kredite direkt in den Schuldturm führen.

Vielleicht können Sie sich keine Freude gönnen, weil

man Ihnen immer klargemacht hat, dass das Leben aus einer Aneinanderreihung von Pflichten besteht.

Jeder schleppt andere Pakete mit sich herum. Darum muss jeder in sein eigenes Inneres hineinschauen und dort das ausmisten, was überholt, hinderlich und einschränkend wirkt.

Vielleicht glauben Sie, dass Sie dumm sind, dass Sie hässlich sind, dass Sie es nicht wert sind, anständig behandelt zu werden. Vielleicht glauben Sie das sogar, solange Sie sich erinnern können. Aber wird es dadurch wahr? Ist es nicht an der Zeit, mit allen diesen negativen Glaubenssätzen Schluss zu machen? Sie loszulassen? Aufzulösen?

Erst die Arbeit, dann das Vergnügen

Meine Klientin war ein Frau von Mitte dreißig, die sich vor wenigen Monaten mit einer Agentur selbstständig gemacht hatte. Sie kam zu mir, weil sie völlig erschöpft war und Chaos in ihrem Privatleben herrschte. Sie arbeitete zu viel und konnte sich nicht entspannen. Wenn ihr Freund etwas mit ihr unternehmen wollte, hatte sie meistens abgewehrt, weil sie noch arbeiten wollte. Mittlerweile war der Freund sauer, und sie befürchtete, dass er sich anderswo vergnügte. Doch sie plagte sich weiter zwanghaft mit ihrer Arbeit, obwohl sie zugab, dass sie sich vor allem abends gar nicht mehr konzentrieren konnte, weil sie einfach zu erschöpft war.

Also gab es viel zu klopfen:

Obwohl ich mir zu viel zumute …

Obwohl ich befürchte, dass es keine gute Lösung für meine Situation gibt, …

Obwohl ich schon immer Angst gehabt habe, zu sagen, was ich denke, …

Obwohl ich Angst habe, meinen Freund zu verlieren …

Obwohl ich Existenzängste habe, ...
Obwohl ich Angst habe, dass ich in der Selbstständigkeit versage, ...
Obwohl ich denke, »ohne Fleiß kein Preis«, ...
Obwohl mein Vater mir nie etwas zugetraut hat, ...
Obwohl ich an dem Leitsatz meines Vaters hänge: Erst die Arbeit, dann das Vergnügen ...

Glaubensmuster bieten einen Schutz, der gleichzeitig ein schwerer Nachteil ist: Sie sehen und erleben nur das, was Ihrem Glaubenssystem entspricht. Das schützt Sie zwar gegen Überraschungen, aber es erlaubt Ihnen auch keine neuen Erfahrungen. Damit machen Sie sich zum Opfer, denn Sie sind fremdbestimmt. Sie geben die Verantwortung ab, ernten eventuell Mitleid und müssen für den Moment nichts verändern, aber Sie hemmen auch Ihre Kraft, und Sie leben in einer Welt, die andere für Sie aussuchen.

Wenn Sie in der Vergangenheit leben und sich im Kreis der immer gleichen negativen Gedankenketten drehen, bleiben Sie das Opfer. Der Weg in die Selbstbestimmtheit beginnt im Jetzt. Altes loszulassen bedeutet, Bewegung zuzulassen und sein Leben selbst zu gestalten: Aufräumaktionen und Selbstheilungsprozesse können beginnen.

Wie man in den Wald hineinruft, so schallt es heraus

Der Spiegel

Vor dem großen Stadttor saß einmal ein alter Mann. Jeder, der in die Stadt wollte, kam an ihm vorbei. Ein Fremder hielt an und fragte den Alten: »Sag mir, wie sind die Menschen in dieser Stadt?«

»Wie waren sie denn dort, wo du zuletzt gewesen bist?«, fragte der Alte zurück.
»Wunderbar. Ich habe mich dort sehr wohl gefühlt. Sie waren freundlich, großzügig und stets hilfsbereit.«
»So ähnlich werden sie auch hier sein.«
Bald kam ein anderer Fremder.
Auch er fragte den alten Mann: »Sag mir, wie sind die Menschen in dieser Stadt?«
Und wieder kam die gleiche Gegenfrage: »Wie waren sie denn dort, wo du zuletzt gewesen bist?«
»Schrecklich. Sie waren gemein, unfreundlich, keiner half dem anderen.«
»So ähnlich werden sie auch hier sein.«

Was uns begegnet, spiegelt in einem sehr hohen Maß uns und unsere Erwartungen wider. Selten erleben wir etwas völlig objektiv. Und: Die anderen antworten auf das, was wir signalisieren.

Vielleicht entdecken Sie, dass Sie in schlechter Stimmung die Welt als schwierig erleben und die Menschen als unfreundlich empfinden, während Ihnen bei guter Laune alles leicht von der Hand geht und jeder Sie anlacht. Und schon sind Sie sich auf der Spur und können Ihr inneres Haus aufräumen. Es ist nicht sinnvoll, das Kind mit dem Bade auszuschütten und alles zu klopfen, was Ihnen vielleicht doch Anlass zum Nachdenken geben sollte, aber wenn Sie grundsätzlich Ihre Einstellung zu den unterschiedlichen Aspekten des Lebens überprüfen, ist das sicherlich eine fruchtbare Entscheidung.

Glaubenssätze über das Verhältnis zu anderen

- Keiner liebt mich.
- Man kann keinem trauen.
- Alle Menschen sind Brüder.
- Männer sind Schweine.
- Alle Frauen beneiden mich.
- Jeder will mich ausnutzen.
- Meine Mutter kann alles besser als ich.
- Männer sind so geheimnisvoll.
- Meine Nachbarin kann mich nicht leiden.
- Frauen sind die besseren Menschen.
- Meine Schwester hasst mich.
- Wenn ich Schwäche zeige, werden alle über mich herfallen.
- Ohne Mann/Frau fühle ich mich wertlos.
- Mein Kollege wartet nur darauf, meinen Job zu übernehmen.
- Wenn ich nicht im Schatten meiner Freundinnen stehe, mögen sie mich nicht mehr.
- Niemand nimmt mich ernst.
- Wer sich nicht wehrt, lebt verkehrt.
- Nie werde ich mit meinen Kolleginnen warm.
- Ich werde nie so einen wunderbaren Mann finden wie meine Mutter.
- Ich werde für meine Familie immer das schwarze Schaf bleiben.
- Meine Eltern sind Schuld an meinem Elend.
- Ich kann meine Herkunft nicht verleugnen, ich bleibe immer das Aschenputtel.
- Wer mich heiratet, hat das große Los gezogen.
- Mein Bruder wird immer vorgezogen.
- Männer haben es überall viel leichter.

Sehen Sie auch diese Liste durch und stellen Sie fest, auf welche Glaubenssätze Sie anspringen. Sammeln Sie zusätzlich weitere eigene Glaubenssätze, und lösen Sie das, was Sie einschränkt, mit so vielen Klopfdurchgängen wie nötig nach und nach auf.

Wir projizieren unsere eigenen Vorstellungen in andere Menschen hinein. Wenn wir nur automatisch reagieren, dann ähneln wir den Hunden des berühmten russischen Verhaltensforschers Pawlow: Sobald die Glocke schellte, lief ihnen das Wasser in der Schnauze zusammen, weil sie erwarteten, gefüttert zu werden. Auch wir reagieren oft automatisch, je nachdem, wer welchen Knopf bei uns drückt. Muss nicht nur jemand einen bestimmten Ton anschlagen und schon regt sich Widerstand in uns? Fallen wir nicht immer wieder auf eine bestimmte Art von emotionaler Erpressung herein? Werden wir nicht sofort wieder zum braven Mädchen, wenn uns jemand entsprechend behandelt?

Das ist Unordnung pur.

Unser Umgang mit anderen spiegelt auch unseren Umgang mit uns.

Man ruft ja nicht nur in den fremden Wald, sondern auch in den eigenen.

Was denken Sie über sich selbst?

Ob du glaubst, dass du etwas tun kannst, oder ob du glaubst, dass du es nicht kannst, du wirst immer recht behalten.

Henry Ford

- Ich liebe mich so, wie ich bin.
- Wenn ich das tue, was ich will, bin ich ein schlechter Mensch.

- Nur wenn ich zuerst an andere denke, bin ich liebenswert.
- Ich muss immer pünktlich sein, sonst werde ich bestraft.
- Ich bin ein Stehaufmännchen.
- Nur mit einem Partner kann ich wirklich glücklich sein.
- Meine schwierige Kindheit hat mich so geprägt, dass ich mich nie davon erholen werde.
- Wenn ich Schwäche zulasse, bricht alles zusammen.
- Ich bin eine richtige Frau/Mann.
- Ich bin ein Gruppenmensch.
- Ich bin ein Versager.
- Ich bin attraktiv.
- Es wäre besser, es gäbe mich nicht. Ich bin nichts wert.
- Ich bin intelligent.
- Ich schaffe das, was ich mir vornehme.
- Ich bin schüchtern.
- Ich weiß mich zu benehmen.
- Ich bin nie gut genug.
- Ich bin nicht liebenswert.
- Ich kann nicht über meinen Schatten springen und … ausprobieren.
- Ich habe viele Talente.
- Ich weiß mir immer zu helfen.
- Mich kriegt keiner klein.
- Mein Stehvermögen ist mein größtes Kapital.
- Ich bin unwiderstehlich.
- Wenn ich immer fleißig bin, werde ich belohnt.
- Je offener ich bin, desto mehr kann ich verstehen.

Erstellen Sie wieder Ihre eigene Liste. Überlegen Sie wieder, welche Glaubenssätze unterstützend wirken und welche schädigend. Lösen Sie die schädigenden unbedingt auf und genießen Sie die Erleichterung.

Menschen, die ihre Glaubensmuster über sich selbst nicht kennen, sind in ihrem Denken und Handeln dem ausgeliefert, was ihr Unbewusstes diktiert. Das kann freundlich sein oder auch destruktiv, aber immer ist es zufällig. Dazu schreibt David Servan-Schreiber: »Ohne Konzentration, Überlegung und Planung werden wir nach dem Zufallsprinzip zwischen Vergnügen und Frustration hin und her gerissen. Wenn wir nicht mehr in der Lage sind, unser Leben im Griff zu behalten, verliert es sehr schnell seinen Sinn.«[26]

Streng betrachtet bleibt man bei dieser Zufälligkeit sein eigenes Opfer, man übernimmt keine Verantwortung für sich. Die Optimismus-Forschung rät zum Gegenteil: sich verantwortlich zu fühlen und mutig seine Komfortzone zu verlassen. Mit dem Begriff »Komfortzone« wird der Bereich in unserem Leben bezeichnet, der wie von allein funktioniert, wie automatisch abläuft und uns immer wieder in unseren Glaubenssätzen bestätigt. Martin Seligmann, einer der führenden Köpfe der Positiven Psychologie, schreibt dazu: »Wachstum zum Glück findet außerhalb der Komfortzone statt. Wer nie scheitert, entwickelt sich nicht und kann auch nicht glücklich werden, denn er fürchtet sich vor Unvorhersehbarem, ihm fehlt die Erfahrung der eigenen Stärke und Überwindungskraft.«[27]

Niemand kann mir helfen

Der Klient war Mitte sechzig und hatte nach einer Operation starke Schmerzen in den Beinen und große Schwierigkeiten, sich zu setzen und wieder aufzustehen. Er war sehr skeptisch in Bezug auf energetische Techniken und betonte, dass er nicht gekommen wäre, wenn seine Frau nicht darauf bestanden hätte.

1. Durchgang

Thema: »Schmerzen in den Beinen«

Skalierung: 9

Ausgleichsatmung

Thymusdrüse im Dreivierteltakt klopfen ... und lächeln.

Heilender Punkt:
- **Das Problem formulieren**
  Obwohl ich ***›diese Schmerzen habe‹,***
  [mit Liebe und Akzeptanz verbinden]
  liebe und akzeptiere ich mich so, wie ich bin.
- **Widerstände formulieren**
  Obwohl ich ***›viel verändern müsste, um mir ein Leben ohne Schmerzen vorzustellen‹,***
  [mit Liebe und Akzeptanz verbinden]
  liebe und akzeptiere ich mich voll und ganz.

Die Klopfsequenz mit Behandlungssatz:
Meine Schmerzen in den Beinen.

Skalierung nach der Klopfsequenz: 6
Ergebnis der Nachbesprechung:
Das Thema hat sich verändert in »Frustration wegen der Krankheit«.

Skalierung: 7

2. Durchgang

Heilender Punkt mit neuer Formulierung:

- *Obwohl ich so frustriert bin, weil ich krank bin,*
  [mit Liebe und Akzeptanz verbinden]
  liebe und akzeptiere ich mich voll und ganz.
- **Widerstände formulieren:**
  Obwohl ich es mir nicht erlauben kann, gesund und beweglich zu sein,
  [mit Liebe und Akzeptanz verbinden]
  liebe und akzeptiere ich mich voll und ganz.

Neue Klopfsequenz mit Behandlungssatz:
Meine Frustration, weil ich krank bin.

Skalierung nach der Klopfsequenz: 5

Ergebnis der Nachbesprechung:
Themenverlagerung: »Frustration, dass er solchen Hokuspokus wie Klopfen mitmacht. Großer Widerstand und Unglauben, dass energetische Techniken ihm helfen.«

Skalierung: 9

3. Durchgang

Heilender Punkt mit neuer Formulierung:
- *Obwohl ich mir nicht vorstellen kann, dass mir energetische Techniken helfen,*
  [mit Liebe und Akzeptanz verbinden]
  liebe und akzeptiere ich mich voll und ganz.
- **Widerstände formulieren:**
  Obwohl es mein ganzes Glaubenssystem stören würde, wenn ich an energetische Techniken glauben könnte,
  [mit Liebe und Akzeptanz verbinden]
  liebe und akzeptiere ich mich voll und ganz.

Neue Klopfsequenz mit Behandlungssatz:
Mein Unglaube, dass mir energetische Techniken helfen können.

Skalierung nach der Klopfsequenz: 5

Ergebnis der Nachbesprechung:
Müdigkeit und starke Lustlosigkeit, weiterzumachen. (Müdigkeit ist ein gutes Zeichen, sie deutet darauf hin, dass etwas im Klienten arbeitet. Lustlosigkeit sollte man akzeptieren.)

Ich schlage zum Abschluss eine Affirmation vor:
Ich erlaube meinem Körper, sich zu erholen.

Danach erhebt sich der Klient leicht, geschmeidig und völlig schmerzfrei.

• • •

Nur wenige Menschen hängen bewusst so fest an selbstschädigenden Überzeugungen wie der beschriebene Klient, doch jeder braucht hin und wieder eine Inventur seiner Gedanken und Glaubenssätze. Durch regelmäßige Bestandsaufnahmen bleiben Sie wirklich auf dem Laufenden darüber, was sich in Ihrem Geist abspielt. Wer aufpasst und aufdeckt, was sich an geistigen Blockaden angesammelt hat, kann wieder Ordnung und klare Verhältnisse herstellen. Innen und außen spiegeln sich: Wie man in den Wald hineinruft …

Was man glaubt, wird wahr

Die Münze

Ein französischer General entschied sich trotz einer gigantischen gegnerischen Übermacht zum Angriff. Er war sich sicher, dass seine Armee gewinnen würde, doch seine Männer waren voller Zweifel.
Auf dem Weg zur Schlacht hielten sie an einer Kirche an, um zu beten. Nach dem Gebet mit seinen Soldaten holte der General eine Münze aus seiner Tasche und sagte:
»Ich werde jetzt diese Münze werfen. ›Kopf‹ heißt: Wir werden gewinnen. ›Zahl‹ heißt: Wir werden verlieren. So wird sich uns das Schicksal zu erkennen geben.«
Dann warf er die Münze in die Luft und alle hielten den Atem an, als sie landete. Es war ›Kopf‹.
Die Soldaten waren so froh und zogen so selbstbewusst in die Schlacht, dass sie den Gegner mutig angriffen und schließlich besiegten.
Nach der Schlacht sagte ein Leutnant zum General: »Niemand kann das Schicksal ändern.«
»Das stimmt», antwortete der General, »aber den Glauben an sich selbst kann man verändern.« Und er zeigte dem Leutnant die Münze, die auf beiden Seiten einen Kopf hatte.

Durch sein Glaubenssystem schafft sich jeder seine Welt selbst. So, wie Sie die Welt betrachten, wird sie sich Ihnen zeigen. Jeder kennt zwar den berühmten Placeboeffekt, bei dem die Wirkung auf purer Einbildung beruht, aber jeder glaubt trotzdem, dass er selbst dagegen gefeit ist.

Ein typisches Glaubensmuster vieler Frauen in unserer Gesellschaft ist zum Beispiel: Ich bin dumm und hässlich. Ganz abgesehen davon, dass Klugheit und Schönheit sehr relative Begriffe sind und sehr stark von der Beurteilung eines Gegenübers abhängen, ist es doch sehr wahrscheinlich, dass jeder vor allem die Erfahrung macht, die sein Glaubensmuster zulässt, andere werden ausgeblendet. Wenn Sie davon überzeugt sind, dass Sie dumm und hässlich sind, so, wie Sie davon überzeugt sind, dass 1+1 immer 2 ergibt, dann können andere Informationen nicht zu Ihnen durchdringen. Jedes Lob werden Sie als miese Schmeichelei und Berechnung abtun. Menschen, die Ihnen wohl gesonnen sind und Sie gern haben, werden Sie voller Misstrauen ablehnen, denn es kann ja nicht sein, dass Sie liebenswert sind. Menschen, die Sie schlecht behandeln, werden Sie dagegen akzeptieren, denn die geben Ihnen ja das, was Sie verdient haben: die Missachtung für jemanden, der dumm und hässlich ist. Und etwas Besseres haben Sie ja nicht verdient.

Und jetzt drehen Sie den Spieß einfach mal um: Sie finden sich schön und klug! Ihr ganzes Glaubenssystem unterstützt diese positive Vorstellung: Ich bin schön und klug! Wenn Sie wirklich davon überzeugt sind, werden Sie jede Kritik an Ihrem Aussehen und Ihrer Intelligenz ignorieren. Dann sind die anderen wahlweise blind, neidisch, giftig, boshaft etc. Wer Ihre Antworten, Pläne und Vorgehensweisen als dumm, unüberlegt oder kurzsichtig bezeichnet, ist selbst dumm, neidisch oder engstirnig. Sie wissen, dass Sie klug sind, und darum werden Sie sich nicht durch das Geschwätz der anderen irritieren lassen. Selbst wenn Fehler passieren, hat das nichts mit Ihnen zu zun. Die Schuldigen sind immer die anderen. Ihr Selbstbild als schöne und kluge Frau ist unangreifbar – solange Sie selbst fest daran glauben.

Erkenne dich selbst bedeutet:
Mache dich zum Herrn deiner Handlungen.
Franz Kafka

Das krasseste Beispiel für die Wirkung eines Glaubenssystems, das ich kenne, ist die Geschichte eines Lastwagenfahrers[28]: Der Mann hatte sich aus Versehen am Freitagnachmittag in seinem Kühlwagen eingeschlossen. Obwohl die Kühlanlage ausgefallen war, starb er an Erfrierungen. Allein der Glaube, dass er erfrieren würde, hatte ihn umgebracht.

So und nicht anders funktionieren Glaubenssätze. Was wahr wird, ist nicht die Realität, sondern unsere Vorstellung davon. Auch die bewussten Glaubenssätze können äußerst destruktiv sein, wenn sie ungeprüft unser Leben steuern – wie das des Lastwagenfahrers. Wenn wir die Realität unverstellt sehen, kann uns viel Unangenehmes erspart bleiben. Detektiv spielen und eine Inventur bei sich selbst machen schafft Klarheit und die Möglichkeit, Ordnung und den freien Fluss von Energie wiederherzustellen.

Es ist nicht nur so, dass das Wünschen gelegentlich hilft. Viel stärker hilft es, wenn man seine Überzeugungen klärt und seine Glaubenssätze dahin ausrichtet, wohin man will.

Ich habe gesehen, wie einige wirklich dumme Menschen
sich zu hervorragenden Wissenschaftlern entwickelten
und sogar den Nobelpreis gewannen.
Und ich habe erstaunlich viele kluge und talentierte
Menschen gesehen, die in den Straßen von
San Francisco bettelten.
Es sind die Wünsche, das Verlangen, der Wille.
Fred Alan Wolf

Wenn Ihnen etwas gut gelingt, denken viele Menschen, dass Sie einfach Glück gehabt haben. Doch bei genauerer Betrachtung ist es nicht nur Glück, sondern eine positive Einstellung zum Erfolg – ein unterstützender Glaubenssatz.

Das gilt für berufliche wie private Ereignisse. Nicht das, *was* wir erleben, ist entscheidend, sondern das *wie*. Alles, was wir erleben, deuten wir, und darin liegen zwei Chancen: Wir können bewusst unsere Einstellung verändern und wir können das, was uns blockiert, mit Klopfsequenzen auflösen. Beim Meridian-Klopfen geht es nicht darum, hartnäckige Gedanken und Bewertungen direkt zu verändern, sondern darum, die Blockade, die durch die negativen Gedanken aufgebaut wurde, aufzulösen, denn sie ist die Ursache dafür, dass wir uns schlecht fühlen.

Wer sein Leben von altem Ballast befreien möchte, der schafft das am leichtesten, wenn er seine einschränkenden Glaubenssätze auflöst. Gelegentliche Selbstzweifel und der Wunsch, dass andere uns leiden mögen, sind völlig normal. Aber sobald uns das eine oder das andere bedrückt, ist es Zeit, genauer hinzuschauen und das Thema zu beklopfen.

Kundschaften Sie Ihre Gedanken wie ein fremdes Gebiet aus. Kommen Sie sich selbst dabei auf die Spur. Das ist der einzige Weg, um selbst darüber zu bestimmen, was Sie in Ihrem Leben haben wollen und was nicht.

Es kommt nicht darauf an, was man sieht,
sondern was man sieht, hängt davon ab, wie man sieht;
denn alle Betrachtung ist nicht nur ein Empfangen
und Entdecken,
sondern zugleich auch ein Hervorbringen,
und wenn dies so ist, so ist es ja entscheidend,
wie der Betrachtende selbst ist.
Sören Kierkegaard

Damit die Auflösung von Glaubenssätzen funktioniert, muss man selbst eine Veränderung für möglich, sinnvoll und erlaubt halten. Solange wichtige Stimmen in uns sich gegen eine Veränderung wehren, wird nichts passieren. Aus diesem Grund ist es sehr wichtig, genau in sich hineinzuhorchen und zu beobachten, ob sich Widerstände regen und wie sie sich melden. Nehmen Sie alle Stimmen, die sich gegen eine Veränderung stemmen, ernst und geben Sie allen eine oder mehrere Klopfsequenzen.

Glaubenssätze wirken wie sich selbst erfüllende Prophezeiungen und wie Affirmationen – im Guten wie im Schlechten. Sobald man akzeptiert, dass der Geist offen und beweglich ist, kann man anfangen, ihn bewusst zu steuern.

Wenn Sie beim Klopfen Ihren Glaubenssätzen auf die Spur kommen, können Sie sich entscheiden, ob es Ihnen genügt, die Einschränkung aufzulösen, oder ob Sie einen neuen, positiven Glaubenssatz, eine positive Affirmation installieren wollen.

Die Arbeit mit Glaubenssätzen ist in einer schnelllebigen Zeit geradezu unverzichtbar. Flexibilität und Offenheit für neue Sichtweisen gehören darum heute mehr denn je zur sozialen Intelligenz. Berufliche und persönliche Weiterentwicklung sind gekoppelt an Wachheit und die Bereitschaft zu Veränderungen. Und außerdem macht es doch auch Spaß, die Welt immer wieder neu zu entdecken. Vielleicht ist das ja ein attraktiver neuer Glaubenssatz:

Ich bin neugierig und habe Lust, die Welt zu erkunden!

5. *Ordnung durch Ziele: Ich weiß, was ich will*

Wer kein Ziel hat, kommt nirgends an

Ein Ziel vereint alle Menschen: Jeder möchte glücklich sein! Was glücklich macht und wie man es werden kann, darüber gibt es die unterschiedlichsten Auffassungen. Ich glaube, dass der Weg zum Glück über klare Ziele geht. Sich einen Überblick darüber verschaffen, was man will, einschränkende Glaubenssätze ausmisten, aufräumen im inneren und im äußeren Haus – das setzt neue Energien frei und bringt festgefahrene Situationen in Schwung. Wer sein Leben in die Hand nimmt, hat gute Chancen, glücklich zu werden.

Glücksforscher meinen, dass schon das Zielesetzen glücklich macht, weil es im Gehirn Freude auslöst. Und Vorfreude und Erwartungen steigern die Produktion der Glückshormone.

Doch welche Ziele sind die richtigen? Oft leiden wir unter widersprüchlichen Impulsen. Wünsche, Ängste, Hoffnungen, Zweifel, alles existiert irgendwie nebeneinander oder ist scheinbar unentwirrbar ineinander verschlungen. Innen und außen. Gleich neben dem Wunsch, schöne teure Prada-Schuhe zu besitzen, wohnt der Traum vom einfachen Leben. Quält einen die Sehnsucht nach dem Liebsten, fühlt man sich vielleicht gleich darauf von ihm bedrängt, wenn er zu nahe rückt. Als reiche das alles nicht, sorgt man sich um Eltern und Freunde, ängstigt sich vor beruflicher Unsicherheit und hat gleichzeitig Lust am Abenteuer. Man will sichtbar sein, den eigenen Auftritt genießen und in der nächsten Minute wünscht man sich eine Tarnkappe, die vor neugierigen Blicken schützt. Widerstreitende Gefühle gehören zum Alltag und lassen uns bei unseren Zielsetzungen manchmal schwanken. Doch wie balanciert man sie aus und findet zu seinen wahren Wünschen? Wie schafft man Ordnung in diesem Durcheinander?

Da wir unsere Träume erst dann verwirklichen können, wenn wir daraus erwachen, gilt es im JETZT anzukommen, um Veränderungen einzuleiten. Beobachten Sie sich, schieben Sie immer mal wieder eine Auszeit für eine Meditation ein, und klopfen Sie Ihre Unsicherheit. Das Meridian-Klopfen ist darauf ausgelegt, Blockaden aufzulösen. Bennennen Sie Ihre widerstreitenden Gefühle, Ihre Unklarheiten und Zweifel, und nehmen Sie sie mit zum Heilenden Punkt.

Wenn wir unsere Schwachstellen, unsere negativen Muster, unsere inneren Saboteure und Widerstände beobachten und auflösen, bleiben uns viele unangenehme Erfahrungen, unpassende Beziehungen und miese Jobs erspart. Und plötzlich haben Leichtigkeit und Lebendigkeit Platz.

Zielarbeit

1. Ziele finden und formulieren

Wahrscheinlich gibt es so viele Detailziele, wie es Menschen gibt. Selbst wenn wir alle glücklich sein wollen, versteht doch jeder etwas anderes darunter. Der eine möchte gern mal mit Walen schwimmen, für den anderen ist das der Inbegriff von einem Albtraum. Während die einen fast alles dafür tun würden, um einmal in Bayreuth dabei zu sein, löst die Vorstellung, sich eine Wagner-Oper ansehen zu müssen, bei anderen starken Widerwillen aus. Ganz gleich, ob es sich um Herzensangelegenheiten oder berufliche Ziele handelt, suchen Sie sich Ihren ganz individuellen Weg! Spüren Sie Ihren Zielen nach, und wenn sie sich für Sie richtig anfühlen, lassen Sie sich bei der Umsetzung nicht beirren.

Manchmal ist die Zielarbeit so anstrengend und verwirrend, dass einem der Kopf schwirrt und man plötzlich ganz unsicher wird, was man wirklich anstrebt. Nehmen Sie auch diese Gefühle mit in den **Heilenden Punkt** und machen Sie so viele Klopfdurchgänge, wie Sie brauchen, um zur Ruhe zu kommen.

Obwohl ich nicht weiß, was ich will ...
Obwohl ich mich schäme, dass ich immer noch nicht weiß, was ich will, ...
Obwohl ich schon ganz entmutigt bin, weil es so viel zu bedenken gibt, ...
Obwohl ich so verwirrt bin, dass ich am liebsten heulen möchte, ...
Obwohl ich meine Unentschlossenheit hasse, ...
[mit Liebe und Akzeptanz verbinden]
liebe und akzeptiere ich mich mit allen meinen Problemen und Schwierigkeiten.

Sobald Sie Ihre Ziele gefunden haben, werden Sie spüren, wie viel Kraft Sie daraus gewinnen und wie befreiend es ist, dass Ihr Leben jetzt einen von Ihnen gewählten Fokus hat. Ihre Energie richtet sich auf das Ziel aus und zieht Sie zur Erfüllung. Zielarbeit ist auch Arbeit mit Glaubenssätzen und das heißt: Wenn wir uns ein Ziel vornehmen, an der

Verwirklichung arbeiten und uns das Ergebnis vorstellen, dann schaffen wir eine Realitätsebene, auf der das alles möglich wird.

– **Aufschreiben**

Schreiben Sie Ihre Ziele unbedingt auf! Beim Aufschreiben klärt sich manches und zusätzlich verstärkt es die Wahrscheinlichkeit, dass Sie Ihr Ziel erreichen – sagt die Forschung.

Schauen Sie sich immer mal wieder Ihre Aufzeichnungen an und damit Ihre Zukunft. Genießen Sie die Vorfreude, die sich bei dem Gedanken an die Verwirklichung des Ziels einstellt, ohne sich an das Ergebnis zu klammern.

Wenn Sie Lust haben, noch mehr zu tun, können Sie Ihr Ziel auch zeichnen oder kneten. Oder sich zu einer Plastik oder einer Collage inspirieren lassen.

– **Zwischenschritte**

Manche Ziele sind sehr langfristig und haben mehrere Stationen: Stellen Sie sich vor, Sie sind Abiturientin und Ihr Ziel ist es, in zehn Jahren eine erfolgreiche Augenärztin mit eigener Praxis zu sein. Dann gilt es erst mal das Abitur mit einem erstklassigen Notendurchschnitt zu machen, einen Studienplatz zu bekommen, das Vorphysikum und dann das Physikum zu bestehen, die Doktorarbeit zu schreiben, eine Stelle in einer arrivierten Klinik zu finden etc. In einem solchen Fall ist es sinnvoll, das Endziel im Visier zu behalten und jeweils die einzelnen Zwischenschritte nacheinander zu klopfen, wenn sie anliegen.

– **Zeitrahmen**

Stecken Sie sich nicht nur ein klares Ziel, sondern auch einen klaren Zeitrahmen. Wenn Sie sich ein festes Datum für die Realisierung setzen, unterstützt das die Chancen für die Verwirklichung bedeutend.

– **Realistische Erwartungen**

Ob es sinnvoll ist, sich zum Ziel zu setzen, so reich wie Paris Hilton, so bekannt wie Heidi Klum, so wichtig wie Angela Merkel oder so erfolgreich wie Michael Schuhmacher zu sein, ist fraglich, aber nicht völlig abwegig, wenn Sie diese Vorstellung antreibt und Ihnen Kraft gibt. Prüfen Sie aber vorher genau, ob Sie nicht besser einen eigenen Maßstab finden. Sich mit anderen zu vergleichen hat seine Tücken.

Generell sollten Sie Ihre Ziele einer genauen Prüfung hinsichtlich der Realisierbarkeit unterziehen. Wenn Sie zum Beispiel zurzeit 3 000€ verdienen, ist es – falls Sie nicht besondere Weichen gestellt haben – wahrscheinlich ein unrealistisches Ziel, wenn Sie in drei Monaten 10 000€ verdienen wollen. Unterschätzen Sie sich nicht, aber wählen Sie etwas Erreichbares. Alles andere verursacht unnötige Frustrationen und raubt Ihnen die Kraft, die Sie sinnvoll in angemessene Ziele investieren könnten.

Oder setzen Sie sich Zwischenziele. Ein erreichtes Ziel gibt Ihnen den Mut und die Kraft, um nach und nach die höher gesteckten anzusteuern.

– **Eindeutige Formulierungen**

Ein klar definiertes Ziel ist die Basis für den Erfolg. Je genauer Sie wissen, was Sie wollen, umso wahrscheinlicher werden Sie es erreichen.

Packen Sie nicht zu viel in die Zielformulierung hinein. Das, was drinsteckt, soll klar und eindeutig formuliert sein: Ort, Zeitangabe, Summe, ... Bilden Sie einen, maximal zwei kurze Sätze.

Ein klar definiertes Ziel ist außerdem ein Ausgangspunkt für die spätere Erfolgskontrolle.

– **Positive, aktive Formulierungen**

Ein Ziel soll positiv formuliert sein, denn das Unbewusste tut sich schwer mit Negationen. Mit der positiven Formulierung verstärkt man den Fluss der Energie in die Zielrichtung. Unterstützend wirken auch emotionale und aktive Sätze. Also statt »Im März 2020 bin ich Art-Direktor« besser: »Im März 2020 arbeite ich als Art-Direktor und leite selbstbewusst eine Abteilung mit zehn Mitarbeitern.« Oder: »Bei der Veranstaltung xy trete ich souverän auf und präsentiere meine Arbeit klug und witzig.« Oder: »Im März 20.. betreue ich einen Stamm von freundlichen Kunden. Die Arbeit beschwingt mich und ich blühe auf.«

– **Formulierung in der Gegenwartsform**

Wählen Sie bei der Formulierung Ihrer Ziele ein starkes Verb in der Gegenwartsform. Damit tun Sie so, als ob das Ziel schon erreicht wäre. So wird es noch realistischer.

Also zum Beispiel:

Ab Mai 20.. verdiene ich jeden Monat mit großer Leichtigkeit 10 000 €.

Ich arbeite im Mai 20.. bei … in … Ich trete diese neue Stelle fröhlich und unbeschwert an!

Ab Mai stelle ich meine Ernährung auf fleischlose Kost um und erlaube mir, die Jahreswende gesund und fröhlich zu feiern.

20.. leite ich ein florierendes Unternehmen mit 200 Angestellten.

Ich lebe 20.. mit meinem neuen Partner in einer Stadt im Ruhrgebiet und verdiene mit großem Vergnügen mein Geld als …

Im Mai 20.. trete ich voller Selbstbewusstsein eine Stelle als ... in einer renommierten Firma in England an.
20.. verfüge ich über ein Jahresnettoeinkommen von 100 000 € und kann mir meine Arbeitszeit selbst einteilen.
Im September ist mein Schreibtisch aufgeräumt und mein Kleiderschrank ausgemistet. Es macht mir Freude, alles in Ordnung zu bringen.
Im August 20.. bin ich beruflich als ... etabliert und verdiene ... €.
Im Februar 20.. ist mein zweites berufliches Standbein ..., denn ich lege im Mai eine Prüfung als ... ab.
Im März 20.. sitze ich in der Mailänder Scala, gemeinsam mit meinem wunderbaren Mann, der mich dorthin begleitet.
Im Juli 20.. bewohne ich ein großes Apartment in Paris und belege sehr vergnügt einen Französischkurs.
Im September 20.. lebe ich fröhlich in einem Haus mit Garten und Blick auf einen See.
Spätestens im Dezember 20.. beträgt mein Umsatz stolze ... € und danach steigt er kontinuierlich jährlich weiter um 5 % an.
Im November 20.. lebe ich unbeschwert mit jemandem zusammen, der mich liebt und meine Interessen teilt.

– **Ökologie-Check**

Wenn Sie Ihr Ziel formuliert haben, prüfen Sie es auf seine Stimmigkeit mit Ihren Lebensumständen. Jedes erreichte Ziel wird Ihr Leben verändern und bevor Sie es angehen, ist es zweckmäßig, die wahrscheinlichen Folgen der Veränderung zu bedenken.

Also fragen Sie sich zum Beispiel:

Ist mein Ziel vereinbar mit meinen anderen Plänen/mit

dem Umfeld, in dem ich leben will/mit meinen Freunden, Verwandten, Bekannten/mit meinen ethischen Orientierungen/meinen moralischen Überzeugungen/mit meiner Sehnsucht nach ... /meinem Traum von ... /meiner Verpflichtung zu ... /Welche Interessenskonflikte werden entstehen? Wie werden andere auf die Veränderungen reagieren?

Eine weitere Frage, die sich hier auftut, kreist um die Zweckmäßigkeit Ihres Ziels:

Ist Ihr Ziel wirklich sinnvoll?

Auch die Frage nach dem Aufwand stellt sich:

Stehen bei diesem Ziel der Aufwand und das Ergebnis in einem vernünftigen Verhältnis?

Eine zentrale Frage bei jedem Ziel dreht sich um die Situation nach der ersehnten Erfüllung:

Werden Sie, wenn Sie dieses Ziel erreichen, wirklich genau das bekommen, was Sie sich wünschen?

Diese Frage zielt sehr tief, denn oft wünschen wir uns etwas, das uns nur oberflächlich glücklich machen kann, und erst dahinter steckt der wahre Wunsch, das eigentliche Ziel. Vielleicht wünschen Sie sich ja gar keinen Sportwagen, sondern mehr Zivilcourage. Vielleicht ist es nicht das große Haus, sondern ein zuverlässiger Partner, der Ihnen fehlt. Das Erreichen äußerer Ziele stärkt uns, aber der Hinweis auf etwas darunter Liegendes kann besonders wertvoll sein.

Stellen Sie sich alle diese Fragen, bevor Sie loslegen. Doch selbst wenn Ihr Ziel weder zu Ihrem sonstigen Leben passt noch die anderen Kriterien erfüllt, muss das nicht bedeuten, dass Sie darauf verzichten sollen. Gehen Sie alle die Ziele an, deren Verwirklichung eine Herzensangelegenheit ist. Der Ökologie-Check dient nur dazu, sicherzustellen, dass Sie genau wissen, was Sie tun, wenn Sie es tun.

Geza (vergl. Kap. 2) hat sich vor einiger Zeit von ihrem Freund getrennt und wünscht sich jetzt eine neue Bindung. Sie hat schon jemanden im Auge, doch die Fixierung seiner Wünsche auf eine bestimmte Person ist selten sinnvoll. Sie engt Ihre Möglichkeiten ein und bindet Energien an eine Person, die vielleicht nicht die richtige ist. Vertrauen Sie Ihrem Unbewussten und wählen Sie eine offene Formulierung.

Gezas Zielformulierung lautet:
»Ich bin im Mai 20.. mit einem Mann zusammen, der mich liebt, der meine Interessen teilt und mit dem ich viel lache.«

2. Skalierung (0–10)

Wie sicher sind Sie sich, dass Sie Ihr Ziel erreichen? (0 – Es ist mir völlig unmöglich, das Ziel zu erreichen./10 – Ich bin vollständig überzeugt, dass ich mein Ziel erreiche.)

Wenn Sie es für völlig unmöglich halten, ein Ziel zu erreichen (Skala 0), hat es wenig Sinn, damit zu arbeiten. Überdenken Sie die Zielsetzung und modifizieren Sie die Formulierung so weitgehend, dass Sie sich immerhin eine kleine Chance geben.

Umgekehrt gilt das Gleiche: Wenn Sie zu 100 Prozent (Skala 10) sicher sind, dass Sie ein Ziel erreichen, brauchen Sie die Zielarbeit nicht. Nur wenn Sie zumindest kleine Unsicherheiten spüren, haben Sie einen Ansatzpunkt, um mögliche Widerstände aufzudecken.

Geza schätzt die Wahrscheinlichkeit mit 8 ein.

3. Verstärker und Widerstände aufspüren, To-do-Liste erstellen

Hier geht es darum, alles zu sammeln, was Ihnen zu Ihrem Ziel einfällt: notwendige Erledigungen, Gedanken und Gefühle. Schreiben Sie einfach alles auf, ganz ungefiltert.

Im nächsten Schritt ordnen Sie Ihre Sammlung in drei Bereiche: Verstärker, Widerstände und To-do.

Alle drei Listen sind wichtig, weil jede eine andere Ausrichtung hat und Sie sich in jeder etwas anders widerspiegeln.

Die *To-do-Liste* ist der praktische Aspekt, auf sie gehört alles, was erledigt werden muss, um das Ziel zu erreichen. Unter Umständen sind das schon wieder neue Ziele. Zum Beispiel ist das Ausmisten des Kleiderschranks für manche durchaus ein ganz eigenes Thema mit eigenen Widerständen und damit ein neues Ziel.

Die *To-do-Liste* umfasst vielerlei. Zum Beispiel sollten Sie sich bei allen Zielsetzungen fragen, ob Ihnen noch bestimmte Erfahrungen oder Kenntnisse fehlen. Gibt es Veranstaltungen oder Kurse, die Sie unbedingt belegen sollten? Fort- und Weiterbildungen, die notwendig sind? Brauchen Sie bestimmte Hilfsmittel, wie zum Beispiel einen Computer, ein Auto, bestimmte Kleidung? Fehlen Ihnen wichtige Informationen? Gibt es Menschen, die Sie fragen könnten, die Ihnen helfen würden? Brauchen Sie Bündnispartner? Neue Kontakte? Einen Vermittler? Haben Sie einen Zeitplan?

Stellen Sie Ihre eigene Liste zusammen, und schreiben Sie alles auf!

Gezas To-do-Liste:
- Friseurtermin
- Freundinnen zum Ausgehen auftreiben
- Zahnreinigung vereinbaren
- Veranstaltungskalender prüfen
- Partnervermittlungen recherchieren
- Wohnung ausmisten
- zum Tanzkurs anmelden

Seine *Verstärker* zu kennen ist eine wichtige Unterstützung bei der Erreichung eines Ziels. Hier sehen Sie die positiven Seiten Ihres Selbstbildes, die Sie antreiben und unterstützen werden. Schauen Sie zwischendurch immer mal wieder auf diese Liste, und benutzen Sie die einzelnen Punkte als Affirmationen. Es lohnt sich, sie durch gelegentliches Klopfen zu verstärken, denn Ihre Verstärker sind Ihre positiven Affirmationen, die Sie bei jedem Schritt unterstützen und Ihnen Mut machen, wenn es gerade mal nicht optimal läuft.

Finden Sie Ihre individuellen Verstärker, und schreiben Sie alle auf! Schauen Sie sich Ihre Stärken an. Fragen Sie sich, was Sie selbst an sich mögen. Rufen Sie sich Ihre Fortschritte und Erfolge in die Erinnerung, und vergessen Sie dabei nicht die Wertschätzung und die Sympathiebeweise, die man Ihnen gezeigt hat.

Verstärker sind zum Beispiel beim Thema Partnersuche für Geza:
- Zum Glück habe ich rote Haare, das ist etwas Besonderes.
- Weil ich Briefmarken sammle, lerne ich über mein Hobby immer wieder nette Männer kennen.
- Ich weiss, dass ich einen Partner glücklich machen kann.

- Ich spüre, dass ich genug Selbstbewusstsein ausstrahle, dass sich der Richtige traut, mich anzusprechen.
- In diesem Jahr wird es in meinem Job ruhig laufen, darum habe ich Zeit, mir potenzielle Partner in Ruhe anzusehen.
- Nach dem langen Singleleben habe ich jetzt wieder Lust auf eine richtige Liebesgeschichte.
- Ich freue mich schon auf die gemeinsamen Ausflüge.

Am wichtigsten bei der Zielfindung ist allerdings die Entlarvung der Saboteure und inneren Widerstände, die sich gegen die Erreichung Ihres Ziels wehren. Mit ihnen gilt es intensiv zu arbeiten und sie nach und nach aufzulösen.

Widerstand ist die zentrale Form von Selbstsabotage und damit das stärkste Hindernis auf dem Weg zum Ziel. Weil er so viele Formen annimmt und sich oft gut versteckt, ist ihm meist nur schwer auf die Spur zu kommen. Manchmal sind es vergessene Erfahrungen aus der Kindheit, die sich festgesetzt haben und uns blockieren. Manchmal ist es eine falsch verstandene Solidarität mit den Eltern, die uns stoppt: Manch einer gönnt sich kein Liebesglück, weil schon die Eltern unglücklich waren. Andere wollen ihre Eltern beruflich nicht überholen und sabotieren deswegen unbewusst eigene Erfolge: Schuster, bleib bei deinen Leisten. Manchmal sind es einschränkende Gebote, die früher sinnvoll waren, aber heute nur noch hinderlich wirken. Unbewusste Glaubenssätze sind – wie Sie ja ausführlich in Kapitel 4 gelesen haben – sich selbst erfüllende Prophezeiungen, und sie haben oft mehr Kraft, sich durchzusetzen, als bewusste Wünsche. Doch je besser Sie sich kennen lernen, umso mehr von diesen versteckten Botschaften des Widerstandes werden Sie aufspüren und auflösen können.

Widerstände beim Thema Partnersuche kreisen für Geza um folgende Themen:

- Es hat ja noch nie geklappt.
- Wahrscheinlich bin ich zu dick.
- Vielleicht gefallen meinem Traummann meine roten Haare nicht.
- Meine Mutter hat auch kein Liebesglück.
- Wie soll ich bei dem schwachen Vater Respekt vor einem Mann haben?
- Meine Schwester sagt auch, dass wir einfach zu kompliziert für eine glückliche Partnerschaft sind.
- Die Männer, die mir gefallen, sehen mich gar nicht.
- Vielleicht findet es jemand spießig, dass ich Briefmarken sammle.
- Mein Busen ist zu klein.
- Sobald mir jemand gefällt, rede ich dummes Zeugs.
- Irgendwie ist es peinlich, dass ich so lange schon keinen Partner mehr hatte.
- Vielleicht merkt man es mir an, dass ich auf der Suche bin, und macht sich lustig über mich.

Widerstand steht oft in Verbindung mit Angst, manchmal aber auch mit einem bekannten oder erhofften Zugewinn. Solange Sie sich zum Beispiel fürchten, auf die Straße zu gehen, wird irgendjemand anderes für Sie einkaufen und Ihre Erledigungen übernehmen. Menschen bedauern Sie. Vielleicht macht es Sie ja auch interessant, und Sie bekommen eine Menge Aufmerksamkeit, die sonst ausbleiben würde.

Diese so genannten sekundären Gewinne können mächtige Saboteure sein, die sich mit aller Kraft gegen eine Veränderung stemmen – selbst wenn Sie in Ihrem Bewusstsein die Isolation und die Abhängigkeit, die Ihre Ängste mit sich bringen, satthaben. Wenn es also beim Klopfen mal nicht weitergeht, sind die wichtigsten Fragen:

- Welche Vorteile bringt mir die jetzige Situation?
- Was habe ich davon, wenn ich mein Ziel nicht erreiche?
- Welche Anteile in mir sträuben sich?

Finden Sie Ihre eigenen Widerstände und schreiben Sie alle genau auf! Nehmen Sie jeden Einzelnen ernst, und geben Sie ihm Zeit, wenn Sie ihn im **Heilenden Punkt** formulieren.

*Obwohl ich an den Aspekten der Situation hänge (**benennen**), die mir angenehm sind,*
*Obwohl Teile von mir an der Situation festhalten, statt mein Ziel (**benennen**) zu erreichen,*
*Obwohl sich etwas in mir sträubt, mein Ziel (**benennen**) zu erreichen,*
*Obwohl ich mir die Veränderung zu (**benennen**) nicht erlauben will,*
*Obwohl ich Angst habe, dass ich nach der Veränderung (**benennen**) ungeschützter bin als jetzt,*
*Obwohl die Veränderung (**benennen**) einen großen Wandel einleitet,*
*Obwohl mir die Vorstellung von der Veränderung (**benennen**) etwas unheimlich ist,*

[mit Liebe und Akzeptanz verbinden]

liebe und akzeptiere ich mich mit allen meinen Ecken und Kanten voll und ganz.

4. Ausgleichsatmung (vergl. Kap. 2)

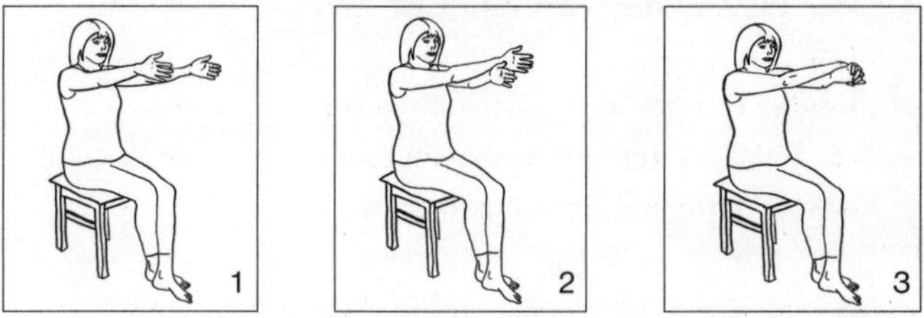

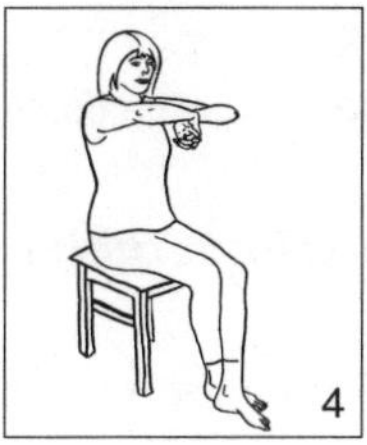

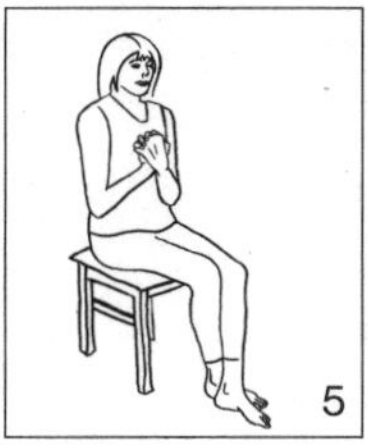

Setzen Sie sich bequem auf einen Stuhl. Legen Sie das linke Bein über das rechte und den rechten Arm diagonal über den linken (oder umgekehrt). Verschränken Sie die Hände und ziehen Sie sie an die Brust heran. Schließen Sie die Augen. Atmen Sie durch die Nase ein und durch den Mund laut aus. Konzentrieren Sie sich für einige Minuten nur auf das Ein- und Ausatmen.

5. Thymusdrüse im Dreivierteltakt klopfen ... und lächeln (vergl. Kap. 2)

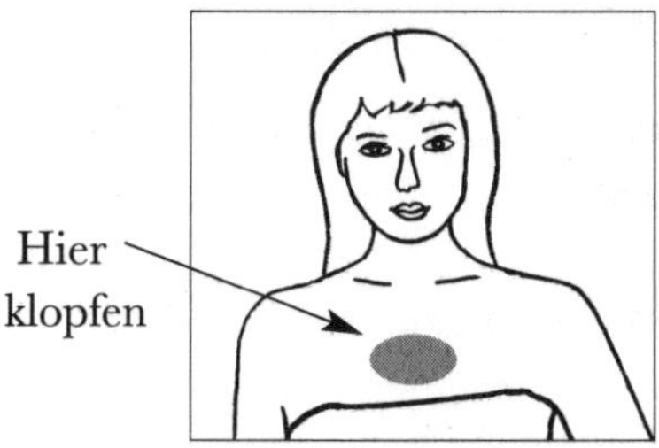

6. Klopfdurchgang mit allen Widerständen (vergl. Kap. 2)

Heilender Punkt:

- **Das Problem formulieren**
  Obwohl ich ***›Problem einsetzen‹,***
  [mit Liebe und Akzeptanz verbinden]
  liebe und akzeptiere ich mich so, wie ich bin.
- **Widerstände formulieren**
  Obwohl ich es nicht verdient habe, ***›Problem einsetzen‹*** *aufzulösen,*
  Obwohl ich mich stark verändern müsste, um ***›Problem einsetzen‹*** *aufzulösen,*
  Obwohl meine Umwelt wahrscheinlich auf eine Veränderung aggressiv reagieren wird und ich mich davor fürchte,
  [mit Liebe und Akzeptanz verbinden]
  liebe und akzeptiere ich mich voll und ganz.

Klopfsequenz mit Behandlungssatz:
Klopfen der Punkte 1–13, gleichzeitig die belastenden Gefühle laut aussprechen.

Den Handrückenpunkt (14) klopfen, den Behandlungssatz aussprechen und folgendes jeweils 3-mal ausführen:

- Augen schließen
- Augen öffnen und Punkt vor sich fixieren
- ohne Kopfbewegung scharf nach unten rechts schauen
- ohne Kopfbewegung scharf nach unten links schauen
- mit den Augen langsam im Uhrzeigersinn einen großen Kreis rollen
- mit den Augen in der Gegenrichtung einen großen Kreis rollen
- summen

- aufwärts oder rückwärts zählen, dividieren oder multiplizieren
- summen

Skalierung nach der Klopfsequenz:

Jedes Thema so lange klopfen, bis es aufgelöst ist. Erst danach mit dem nächsten Widerstand weitermachen. Sobald alle Widerstände aufgelöst sind, wird die Zielformulierung überprüft.

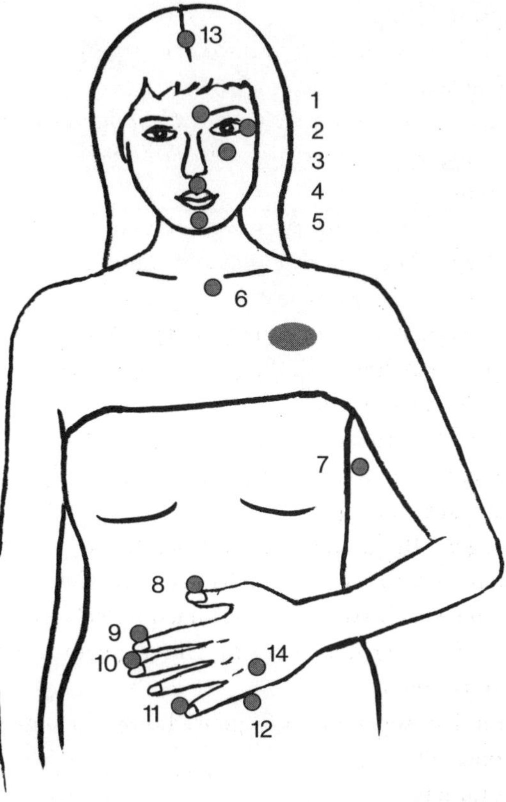

7. Zielformulierung überprüfen

Manchmal ändert sich das Ziel im Lauf der Arbeit mit den Widerständen, darum ist es immer sinnvoll, zu überprüfen, ob die Zielformulierung noch passt.

- Wenn das **Ziel das gleiche** geblieben ist, gehen Sie zu Punkt 8.

Sonst:

- **Ziel modifizieren**
  Beginnen Sie wieder bei Punkt 6: Widerstände finden und klopfen.

Oder:

- **Ziel neu formulieren**
  Beginnen Sie wieder bei Punkt 6: Widerstände finden und klopfen.

8. Skalierung (0–10)

Wenn das Ziel das gleiche geblieben ist, aber die Wahrscheinlichkeit, es zu erreichen, unter 9 liegt, geht man zurück zu Punkt 6: Widerstände finden und klopfen.

Wenn das Ziel noch das gleiche ist und die Wahrscheinlichkeit, es zu erreichen, bei 9 oder 10 liegt, beginnt der nächste Schritt.

9. Das Ziel spüren und in alle Punkte einklopfen

Eine große Unterstützung ist es, wenn Sie sich Ihr Ziel mit allen Sinnen vorstellen. Haben Sie ein Bild? Wie werden Sie sich fühlen? Was hören Sie? Gibt es etwas, das Sie schmecken? Oder riechen? Konzentrieren Sie sich auf all die angenehmen Eindrücke, die Sie am Ziel erwarten, während Sie alle 14 Punkte klopfen.

Wenn Ihr Ziel eine Reise in die Karibik ist, dann sehen Sie sich vielleicht in einem Bikini am Strand in einer Bar sitzen, aus einem Lautsprecher tönen sanfte karibische Rhythmen, es ist warm, und Sie genießen den leichten Wind auf Ihrer Haut, während Sie entspannt auf das Wasser sehen.

Oder wollen Sie an die Spitze eines Unternehmens? Halten Sie sich ein Bild vor Augen, das Sie souverän und gut gekleidet vor einer Schar von 500 Mitarbeitern auftreten lässt, denen Sie eine Lohnerhöhung verkünden können, weil das Unternehmen unter Ihrer Leitung einen großen Zuwachs seiner Produktivität erreicht hat.

Oder sehen Sie sich mit einem Säugling auf dem Arm? Das Kleine lächelt zum ersten Mal, Sie genießen diesen ganz besonderen Babyduft, und Sie spüren, wie eine unglaubliche Freude und ein warmes Gefühl von Liebe durch Ihren Körper strömt.

Malen Sie Ihr persönliches Ziel sinnlich aus und genießen Sie immer wieder die Vorfreude, die es auslöst.

10. Bauchnabeltest

Der Bauchnabeltest kommt aus der Kinesiologie.[29] Mit ihm können Sie zusätzlich körperlich überprüfen, ob Ihr Ziel wirklich das ist, was Sie wollen und was Sie – ganz konkret – nach vorn bringt:

- Stellen Sie sich aufrecht und entspannt hin.
  Die Füße stehen schulterbreit auseinander.
  Die Arme hängen entspannt herunter.
- Schließen Sie die Augen, und spüren Sie sich wieder in Ihr Ziel hinein.
- Legen Sie das Ziel gedanklich in Ihre linke Hand.

— Legen Sie Ihre linke Hand mit dem Ziel auf Ihren Bauchnabel.
— Legen Sie Ihre rechte Hand darüber.

Wenn Sie in diesem Moment eine leichte **Neigung nach vorn** feststellen, ist das Ziel bestätigt.

Wenn Sie in diesem Moment eine leichte **Neigung nach hinten** feststellen, ist das Ziel nicht das richtige für Sie. In diesem Fall ist es sinnvoll, das Ziel und/oder die Widerstände erneut zu überprüfen.

Wenn Sie in diesem Moment **weder leicht nach vorn noch nach hinten** kippen, dann ist das Ziel neutral. Auch in diesem Fall ist es sinnvoll, das Ziel und die Zielformulierung erneut zu überprüfen. Wäre es nicht schade, wenn Sie Ihre Zeit mit einem Ziel vertun, das Sie nicht weiterbringt?

Ziele sind Stationen

Sei die Veränderung, die du in der Welt sehen willst.
Gandhi

Wenn man davon ausgeht, dass der Weg zum Glück über Ziele führt, gilt es auch zu bedenken, dass Ziele sich verändern. Manche Ziele verändern sich grundsätzlich: Man möchte nicht länger Hausfrau und Mutter sein, sondern lieber eine erfolgreiche Unternehmerin. Andere Ziele unterliegen einer ständigen Weiterentwicklung: Erst möchte man seine Ausbildung gut abschließen, dann möchte man eine attraktive Stelle für den Einstieg, dann Aufstiegsmöglichkeiten etc.

Alles verändert sich – Ziele auch. Und darum ist auch hier immer wieder erneutes Aufräumen angesagt: Wer möchte ich in der Zukunft sein? Wo? Mit wem? Unter welchen Lebensumständen?

Ziele sind so wichtig, weil sie uns Antrieb und Kraft geben. Der Gedanke an die Erfüllung eines Herzenswunsches lässt uns nicht nur lächeln. Er richtet uns in schwierigen Situationen auf, gibt uns Selbstbewusstsein und hilft uns, das zu tun, was notwendig ist.

Wie unterstützend klare Zielvorstellungen sind, ist wissenschaftlich am genauesten bei Kranken untersucht worden. Wer sich in seiner Vorstellung schon wieder als gesund und munter sieht, heilt schneller. Wer dagegen deprimiert seinen momentanen Zustand beklagt, schwächt seine Selbstheilungskräfte.

Ein Ziel gibt dem Leben eine Richtung, es weckt Tatendrang und lässt uns zu neuen Ufern aufbrechen. Und damit ist es auch ein Ort, der uns nährt.

Ablaufplan einer Sitzung mit Zielarbeit

1. Ziel finden und formulieren
2. Skalierung (0–10)
3. Verstärker und Saboteure aufspüren, To-do-Liste erstellen
4. Ausgleichsatmung
5. Thymusdrüse klopfen
6. Klopfdurchgänge mit allen Saboteuren/vergl.Kap. 2
7. Zielformulierung überprüfen, bei Veränderungen
   - Modifizieren → Punkt 6/erneut Saboteure aufspüren und klopfen
   - Neu formulieren → Punkt 6/erneut Saboteure aufspüren und klopfen
8. Skalierung (0–10)
   - Bei 9 und 10 → nächster Schritt

   Sonst:
   - Zielformulierung modifizieren → Punkt 6/erneut Saboteure aufspüren und klopfen

   Oder:
   - Ziel überdenken und neu formulieren → Punkt 6/ erneut Saboteure aufspüren und klopfen
9. Ziel spüren und in alle Punkte einklopfen
10. Bauchnabeltest
    - Neutral: Zielformulierung und Saboteure überprüfen → erneut bei Punkt 6 ansetzen: Saboteure aufspüren und klopfen
    - Negativ: Zielformulierung und Saboteure überprüfen → erneut bei Punkt 6 ansetzen: Saboteure aufspüren und klopfen
    - Positiv → nächster Punkt
11. Nachbesprechung

6. *Ordnung in Beziehungen: Ich verbinde mich mit anderen*

Der Unterschied

Ein Weiser bat den Schöpfer, einen Blick in den Himmel und die Hölle tun zu dürfen. Es wurde ihm erlaubt, und so besuchte der alte Mann die Hölle und beobachtete, was dort geschah. Auf den ersten Blick schien ihm alles sehr alltäglich zuzugehen. Allerdings waren die Bewohner abgehärmt und mager, obwohl die Tische überreichlich mit guten Dingen gedeckt waren. Auf den zweiten Blick erkannte er den Grund: Die riesigen Löffel mit dem langen Griff konnte niemand allein zum Mund führen.
Der Weise war erstaunt, als er im Himmel die gleichen langen Löffel sah. Doch dort waren die Bewohner wohl genährt. Sehr bald erkannte er, warum das so war: Sie fütterten sich gegenseitig mit den langen Löffeln.

Ob wir uns nutzen oder schaden, ob man sich als einsamer Wolf fühlt oder als Partylöwe, ob wir es wollen oder nicht – wir sind miteinander verbunden, und wir brauchen einander. Verbunden zu sein ist charakteristisch für alles, was lebt. Alles hat Einfluss auf alles – wie indirekt auch immer. Denken Sie nur an das Beispiel, dass die Chaos-Theorie so berühmt gemacht hat: Der Flügelschlag eines Schmetterlings in China kann einen Wirbelsturm im Golf von Mexiko auslösen!

Besonders deutlich sind diese Verbindungen und Abhängigkeiten zwischen Menschen: Wir sind unglücklich, wenn andere uns anfeinden. Und wir sind glücklich, wenn wir mit jemandem zusammen sind, den wir lieben und der uns liebt. Menschen können sich stärken und schwächen. Oder etwas weiter gefasst: Das Ganze ist größer als die Summe seiner Teile. Doch diese Teile können nicht unabhängig vom Ganzen betrachtet werden. Konkret heißt das: Wir können unsere Verbundenheit leugnen, ihr aber nicht entgehen. Nicht nur, weil unsere Gesellschaft sehr stark arbeitsteilig gegliedert ist und wir andere Menschen schon für die Bereitstellung von Lebensmitteln, Wohnung und Strom brauchen, sondern vor allem, weil die Beziehung zu anderen Menschen zentral für unser Glück und unsere Zufriedenheit ist. Verbundenheit zählt neben »wertvoll sein, geliebt sein und frei sein« zu den vier menschlichen Grundbedürfnissen. Verbundenheit verleiht uns Bedeutung und hält uns einen Spiegel vor.

Wenn ich mir meine eigene Ordnung/Unordnung schaffe, steht sie in Verbindung mit den Systemen der Menschen um mich herum. Wenn ich also versuche, bei mir Klarheit und Ordnung zu erhalten, muss ich auch meine Umwelt einbeziehen. Die erste Frage, die sich stellt, ist: Welche Menschen tun mir gut, und wer ist ein Energieräuber? Wenn man nicht abwarten will, was die anderen entscheiden, muss man selbst überprüfen, welche Beziehungen nährend sind und welche schaden. Zu manchen Menschen kann man den Kontakt aus guten Gründen nicht abbrechen, aber durch das Meridian-Klopfen ist es zumindest möglich, die belastenden Gefühle zu mildern. Der Weg zu einem einigermaßen übersichtlichen und unterstützenden Umfeld geht nicht über rigide Ausgrenzung. Wir brauchen die Gemeinschaft. Wenn wir versuchen, uns völlig abzuschotten, verkleinern wir nicht das Leid, das andere Menschen verursachen – wir addieren nur noch die Einsamkeit dazu. Die meisten Menschen sehen die ersten Anzeichen für ungute Entwicklungen schon lange im Voraus, doch solche Hinweise werden gern verdrängt. Dabei ist unser bester Schutz gegen unliebsame Ergebnisse unsere Achtsamkeit. Unglück, Enttäuschungen und Liebeschaos verhindert man nicht durch Vermeiden von Begegnungen, sondern durch genaues Beobachten und rechtzeitiges aktives Eingreifen.

Himmel und Hölle

Ein großer Krieger ging zu einem zartgliedrigen alten Weisen.

»Mönch«, verlangte er gebieterisch, »lehre mich, was Himmel und Hölle sind!«

Der Mönch schaute den Krieger voller Verachtung an und sagte: »Dich soll ich über Himmel und Hölle belehren? Dir kann ich nichts beibringen. Du bist schmutzig, und du stinkst. Du bist eine Schande für den Stand der Samurai. Hinaus! Ich kann deinen Anblick nicht länger ertragen!«

Der Samurai zog wutentbrannt sein Schwert, um den Mönch zu töten.

»Das ist die Hölle«, sagte der Weise sehr sanft.

Der Samurai war fassungslos. Das Mitgefühl dieses kleinen Mannes, der sein Leben eingesetzt hatte, um ihm diese Lektion zu erteilen, bestürzte ihn. Langsam senkte er sein Schwert, und plötzlich durchströmten Dankbarkeit und Frieden sein ganzes Sein.

»Und das ist der Himmel«, sagte der Weise gütig.

Beide Geschichten zeigen auf ihre Art, dass andere Menschen für uns Himmel und Hölle sein können. Wenn wir gute Freunde haben, überstehen wir Stress ebenso wie Schnupfen besser. Destruktive Beziehungen machen krank. Liebe und Hass, Kooperation und Konkurrenz sind die zentralen Elemente des menschlichen Abenteuers. Wie wir mit anderen Menschen zurechtkommen, ist ein entscheidender Faktor für unsere Lebensqualität, doch wie wir auf andere zugehen, wird zuallererst von unserem Verhältnis zu uns selbst bestimmt. Die meisten Konflikte mit unseren Mitmenschen haben ihre Wurzeln tief in uns selbst. Unser ganzes Glaubenssystem, unsere Muster und Werte bestimmen, wie wir uns verhalten. Und: Wenn wir uns mögen, fällt es uns leichter, andere zu mögen.

»Wenn wir Frieden mit uns geschlossen haben, können wir Frieden in die Welt tragen. Wir können nur das bewirken, was wir in uns selbst bewirkt haben«, sagt der Dalai Lama und darin ist das christliche Gebot, seinen Nächsten zu lieben wie sich selbst, gleich mit eingeschlossen. Oft ist das aber gar nicht so einfach.

Das Kind

Eine Freundin saß morgens sehr früh im Flugzeug. Sie war unausgeschlafen und sehr schlecht gelaunt auf dem Weg zu einem wichtigen Geschäftstermin. Warum war sie nur so spät ins Bett gegangen und hatte den Abend vor dem Fernseher verplempert, statt sich vorzubereiten? Sie haderte noch mit sich und war auch unentschieden, ob sie die Zeit im Flugzeug zum Schlafen oder zur Vorbereitung auf den Termin nutzen sollte, als das Kind, das in der Reihe hinter ihr saß, anfing zu randalieren. Es plärrte und stieß mit seinen kräftigen Beinchen immer wieder gegen ihre Rückenlehne. Das kleine Ungeheuer ging ihr mächtig auf die Nerven, denn bei diesem Zirkus war weder an Arbeit noch an Schlaf zu denken. In ihr wuchs die Lust, mit der Mutter Streit anzufangen. Irgendetwas hielt sie dann aber doch davon ab. Vielleicht, weil sie wusste, dass die Mutter mittlerweile wahrscheinlich ähnlich gereizt war, der Streit unangemessen wäre und sehr hässlich eskalieren würde. Also entschloss sie, sich zu klopfen. Da sie dabei nicht beobachtet werden wollte, stellte sie sich nach und nach jeden einzelnen Punkt bildlich vor und klopfte ihn in ihrer Vorstellung.

Heilender Punkt:

- **Das Problem formulieren**
  Obwohl ich eine Sauwut auf dieses Kind habe,
  [mit Liebe und Akzeptanz verbinden]
  liebe und akzeptiere ich mich voll und ganz.
- **Widerstände formulieren**
  Obwohl ich es nicht verdient habe, dass dieses kleine Ungeheuer sich ruhig verhält,
  [mit Liebe und Akzeptanz verbinden]
  liebe und akzeptiere ich mich voll und ganz.

Die Klopfsequenz mit Behandlungssatz:
Meine Sauwut auf dieses ungezogene Kind.

Verwandelt sich in:
Meine Wut auf mich, weil ich das Kind nicht ignorieren kann.
Verwandelt sich in:
Meine Wut auf die Mutter, weil sie das Kind nicht disziplinieren kann.
Verwandelt sich in:
Meine Trauer, dass ich keine Kinder habe.

Verwandelt sich in:
Mein Mitgefühl für die überforderte Mutter.
Verwandelt sich in die Affirmation:
Meine Akzeptanz für das randalierende Kind.

Nachdem sie alles in ihrer Vorstellung geklopft hatte, fühlte sie sich so angenehm mit allem um sie herum verbunden, dass sie entspannt einschlief.

• • •

Eine gewisse Kontrolle über die eigene Befindlichkeit ist eine große Erleichterung. Mit den Meridian-Techniken kann man oft in kurzer Zeit sein Gefühlschaos aufräumen. Wenn wir unsere Ziele kennen und unsere negativen Muster und inneren Saboteure beobachten und auflösen, bleiben uns viele unnötige Auseinandersetzungen und so manche unpassende Beziehung erspart. Manchmal werden wir aber von der Angst vor den Konsequenzen unseres Tuns gebremst – dann gilt es diese Themen zu klopfen:

Obwohl ich große Angst habe, was passiert, wenn ich ***›Problem einsetzen‹*** *angehe, …*
Obwohl ich Angst vor dem Verlust von ***›Problem einsetzen‹*** *habe, …*
Obwohl ich nicht abschätzen kann, was aus mir wird, wenn ich es wage, ***›Problem einsetzen‹*** *zu tun, …*
Obwohl ich mich unsicher fühle, ob ich wirklich ***›Problem einsetzen‹*** *tun soll, …*
Obwohl ich Angst davor habe, was passiert, wenn ich keine Angst mehr vor ***›Problem einsetzen‹*** *habe, …*
[mit Liebe und Akzeptanz verbinden]
liebe ich mich und akzeptiere voll und ganz das, was ich fühle und wer ich bin.

Bei dem tiefen Eintauchen in eine Beschäftigung gerät man manchmal in einen Zustand, der selbstvergessen und konzentriert zugleich ist. Gleichgültig, ob wir schreiben, etwas reparieren oder basteln – wir werden eins mit dem, was wir tun. Das sind die Zeiten, die der wohl bekannteste Glücksforscher Mihaly Csikszentmihalyi *Flow* nennt. Dieses Wort trifft es perfekt, denn in diesen Zeiten fließt alles und alles fließt zusammen: Fühlen, Denken und Handeln sind im völligen Einklang und streben dasselbe Ziel an. Flow entsteht, wenn wir uns einer Sache völlig hingeben. In diesem Zustand herrscht eine wunderbare Ordnung in unserem Bewusstsein.

Auch mit Freunden gibt es intensive Flow-Erfahrungen: Typisch sind die wunderbaren Gespräche, die sich über Stunden völlig mühelos weiter entwickeln und uns nicht nur klüger machen, sondern uns auch persönlich näherbringen. Csikszentmihalyi schreibt dazu: »Während uns andere Flow-Aktivitäten nur kurzfristig Vergnügen bereiten, weil die Herausforderungen bald erschöpft sind, bieten uns Freundschaften das ganze Leben hindurch potentiell unendliche Anregungen und vervollkommnen unsere emotionalen und geistigen Fähigkeiten.«[30]

Wichtig ist dabei nicht die Anzahl von Freundschaften, meint Csikszentmihalyi, sondern der Grad von Verbundenheit, den wir spüren. Doch wenn man sich öffnet, ist man verletzlicher. Klopfen Sie auch das.

Beginnen Sie im Heilenden Punkt:

Obwohl ich mich so verletzt fühle, …
Obwohl es mir peinlich ist, meine Verletzung zuzugeben, …
Obwohl ich so traurig bin, weil …
Obwohl ich so gekränkt bin, …

Obwohl ich so schockiert bin, dass ...
Obwohl ich mich wie zerschlagen fühle, weil ...
Obwohl ich das Gefühl habe, dass ich niemandem trauen kann, ...
Obwohl ich mich immer wieder verletzt fühle, wenn ...
Obwohl es mir zu unangenehm ist, zuzugeben, dass ...
Obwohl ich es kaum aushalte, dass ...
Obwohl ich nicht bereit bin, ...
[mit Liebe und Akzeptanz verbinden]
liebe ich mich und akzeptiere voll und ganz das, was ich fühle.

Wenn wir mit den Meridian-Techniken die verletzten Gefühle aussprechen, ist das schon der erste Schritt auf dem Weg zu ihrem Abbau. Die emotionale Spannung löst sich, die Energie kann wieder fließen und wir fühlen uns besser. Und sobald wir uns besser fühlen, können wir wieder großzügiger mit uns und mit anderen sein.

Liebt sie mich noch?

Ole ist seit zehn Jahren mit Silke verheiratet. Seine Frau ist ihm sehr wichtig, aber er hat auch ein lebendiges Leben außerhalb seiner Ehe. Er geht in seiner Arbeit als Programmierer auf, spielt regelmäßig mit seinen Kollegen Schach und er singt jeden Montag in einem Chor.

In der letzten Zeit fühlt sich Ole mit seiner Frau allein immer unwohler. Sie nörgelt ständig an ihm herum, ohne dass er versteht, was sie damit wirklich sagen will. Dabei fühlt er sich wie ein Idiot, der alles falsch macht. Ole geht nur noch ungern nach Hause. Wenn er nur daran denkt, was ihn dort erwartet, krampft sich schon sein Magen zusammen. Er ist verunsichert und fragt sich, ob seine Frau einen Liebhaber hat und sie ihn so auf eine anstehende Trennung vorbereiten will.

Da sich in den Gesprächen mit seiner Frau für ihn nichts geklärt hat, erhofft sich Ole von dem Coaching neue Perspektiven und den Mut, seine Ehe durch konstruktives Verhalten zu retten.

1. Durchgang

Thema: »Die Unsicherheit, wie es um die Ehe steht«

Skalierung: 7

Ausgleichsatmung

Thymusdrüse im Dreivierteltakt klopfen ... und lächeln.

Heilender Punkt:

- **Das Problem formulieren**
  Obwohl ich so verunsichert bin,
  [mit Liebe und Akzeptanz verbinden]
  liebe und akzeptiere ich mich voll und ganz.
- **Widerstände formulieren**
  Obwohl ich mich mehr öffnen muss, wenn ich mich meinen Eheproblemen stellen will,
  [mit Liebe und Akzeptanz verbinden]
  liebe und akzeptiere ich mich voll und ganz.

Die Klopfsequenz mit Behandlungssatz:
Meine Verunsicherung.

Skalierung nach der Klopfsequenz: 1

Ergebnis der Nachbesprechung:
Ole spürt, dass jetzt in ihm Wut aufsteigt.

Skalierung: 8

2. Durchgang

Heilender Punkt mit neuer Formulierung:

- *Obwohl ich wütend bin, weil ich mich immer wie ein Trampel fühle, wenn Silke mich anmacht,*
  [mit Liebe und Akzeptanz verbinden]
  liebe und akzeptiere ich mich voll und ganz in meiner Männlichkeit.
- **Widerstände formulieren:**
  Obwohl ich keine Lust habe, alles zu tun, damit sich unsere Beziehung bessert,
  [mit Liebe und Akzeptanz verbinden]
  bin ich ganz in Ordnung, wie ich bin.

Neue Klopfsequenz mit Behandlungssatz:
Meine Wut, weil Silke mich ständig kritisiert.

Verwandelt sich in:
Meine Wut, weil ich mich geschulmeistert fühle.
Verwandelt sich in:
Meine Wut, weil ich mich wie ein kleiner Junge fühle.
Verwandelt sich in:
Meine Wut, weil ich mich nicht vernünftig wehre.
Verwandelt sich in:
Meine Wut, weil Silke mein Leben vergiftet.

Skalierung nach der Klopfsequenz: 1

Ergebnis der Nachbesprechung:
Die Wut ist verschwunden und einer großen Leere und Traurigkeit gewichen.

3. Durchgang

Heilender Punkt mit neuer Formulierung:
- *Obwohl ich traurig bin, weil wir uns so entfremdet haben,*
  [mit Liebe und Akzeptanz verbinden]
  liebe und akzeptiere ich mich voll und ganz.
- **Widerstände formulieren:**
  Obwohl Teile in mir noch immer gegen einen vernünftigen Umgang rebellieren,
  [mit Liebe und Akzeptanz verbinden]
  liebe und akzeptiere ich mich voll und ganz, selbst mit meinen kindlich trotzigen Anteilen.

Neue Klopfsequenz mit Behandlungssatz:
Meine Traurigkeit, weil wir uns so fremd geworden sind.

Skalierung nach der Klopfsequenz: 1

Ergebnis der Nachbesprechung:
Die Trauer ist fast völlig verschwunden, aber Ole spürt jetzt die Angst, dass Silke ihn verlässt.

4. Durchgang

Heilender Punkt mit neuer Formulierung:
- *Obwohl ich Angst habe, dass Silke mich verlässt,*
  [mit Liebe und Akzeptanz verbinden]
  liebe und akzeptiere ich mich voll und ganz.

– **Widerstände formulieren:**
Obwohl ich es nicht verdient habe, dass Silke mich liebt,
[mit Liebe und Akzeptanz verbinden]
liebe und akzeptiere ich mich voll und ganz.

Neue Klopfsequenz mit Behandlungssatz:
Meine Angst, dass Silke mich verlässt.

Verwandelt sich in:
Meine Angst, dass ich nicht gut genug für Silke bin.
Verwandelt sich in:
Mein Wunsch, Silke zu verstehen.

Ergebnis der Nachbesprechung:
Ole hat sich entspannt. Er wünscht sich jetzt wirklich, seine Ehe zu retten.

Seine Affirmation war:
Ich liebe meine Frau, und ich öffne mich für die Botschaften, die sie mir übermitteln will.

• • •

Ein Coaching mit Meridian-Techniken kann weder Ihren Partner verändern noch schafft es Unterschiede und Konfrontationen aus der Welt. Was es aber leistet, ist eine Befreiung der eigenen emotionalen Blockaden, die eine mögliche Lösung oder einen klugen Kompromiss verhindern. Mit dem Klopfen macht man das Vernünftigste, was man tun kann: Man fängt an, bei sich selbst aufzuräumen. Nachdem man das ganze belastende Gerümpel an einschränkenden Glaubenssätzen und Projektionen mit all seiner Trauer, der Wut, den Enttäuschungen und vielfältigen

Ängsten beleuchtet und losgelassen hat, sieht die Situation schon ganz anders aus – und auch das Gegenüber. Es ist »verstoffwechselt« – sagen die Biologen. Und es haben sich – sagen die Neurophysiologen – durch die Verarbeitung von Gedächtnisinhalten neue neuronale Bahnen gebildet. Man könnte stattdessen auch ganz einfach sagen: Man hat sein inneres Haus geordnet und sieht jetzt klarer.

Zu guten Beziehungen gehört ein gelungenes Zusammenspiel von Nähe und Distanz. Probleme ergeben sich häufig aus den unterschiedlichen Vorstellungen über das erforderliche Maß an Abgrenzung und Verantwortung, das die Partner erwarten. Das gilt für berufliche Situationen ebenso wie für private, und so stellt sich die Frage, wo man selbst steht. Immer alle Verantwortung auf sich zu nehmen ist genauso selbstschädigend, wie die Schuld grundsätzlich erst mal den anderen zuzuschieben. Die Forschungsergebnisse der Positiven Psychologie empfehlen, sich auf die Verantwortung für sich selbst zu konzentrieren.[31] Das ist ein Weg, den man mit den Meridian-Techniken leichter gehen kann.

Konkurrenz am Arbeitsplatz

Gitta ist Mitte dreißig. Sie arbeitet in einem Großmarkt in der Verwaltung. Gemeinsam mit einer Kollegin unterstützt sie den Chef. Während Gitta eine stille Person ist, die ihre Sachen gern in Ruhe macht, ist ihre neue Kollegin extrovertiert und machtbewusst. Sobald es etwas gibt, mit dem sie sich ins rechte Licht rücken kann, tut sie das auch. Gitta fühlt sich wehrlos und unfähig, dieser Energie etwas entgegenzusetzen. Doch langsam hat sich in ihr eine riesige Wut aufgestaut.

1. Durchgang

Thema: *»Meine Wut auf X, weil sie immer alles an sich reißt«*

Skalierung: 9

Ausgleichsatmung

Thymusdrüse im Dreivierteltakt klopfen ... und lächeln.

Heilender Punkt:
- **Das Problem formulieren**
  Obwohl ich diese Riesenwut auf X habe,
  [mit Liebe und Akzeptanz verbinden]
  liebe und akzeptiere ich mich voll und ganz.
- **Widerstände formulieren**
  Obwohl ich es nicht verdient habe, ohne diese Wut entspannt meiner Arbeit nachzugehen,
  [mit Liebe und Akzeptanz verbinden]
  liebe und akzeptiere ich mich voll und ganz.

Klopfsequenz mit Behandlungssatz:
Meine Wut auf X.

Skalierung: 5

Ergebnis der Nachbesprechung:
Das Thema hat sich nicht verändert, der Druck ist zwar geringer geworden, aber es bleibt immer noch ein beachtlicher Rest Wut.

2. Durchgang

Klopfsequenz mit dem alten Behandlungssatz und der restlichen Angst:
Meine ***restliche*** *Wut auf meine Kollegin.*

Skalierung nach der Klopfsequenz: 2

Ergebnis der Nachbesprechung:
Das Thema ist so gut wie aufgelöst, doch ein neuer Aspekt ist aufgetaucht: die Wut, dass die Kollegin so viel Macht hat, Gitta immer wieder in einen Konkurrenzkampf hineinzuziehen.

Skalierung: 7

3. Durchgang

Heilender Punkt mit neuer Formulierung:

- *Obwohl ich wütend bin, weil ich mich von meiner Kollegin immer wieder in eine Konkurrenzsituation bringen lasse,*
  [mit Liebe und Akzeptanz verbinden]
  liebe und akzeptiere ich mich voll und ganz.
- **Widerstände formulieren**
  Obwohl ich es nicht verdient habe, so stark zu sein, dass ich das konkurrierende Verhalten meiner Kollegin ignorieren kann,
  Obwohl ich mich verändern müsste, wenn ich aufhören möchte, unter den Machtkämpfen zu leiden,
  [mit Liebe und Akzeptanz verbinden]
  liebe und akzeptiere ich mich voll und ganz.

Neue Klopfsequenz mit Behandlungssatz:
Meine Wut über die ständige Konkurrenzsituation.

Verwandelt sich in:
Meine Unfähigkeit, mit Machtkämpfen souverän umzugehen.
Verwandelt sich in:
Meine Wut auf mich, weil sie solche Macht über mich hat.
Verwandelt sich in:
Meine Wut auf X, weil ich immer in der Defensive bin.
Verwandelt sich in:
Meine Wut auf mich, weil ich so konfliktscheu bin.
Verwandelt sich in:
Meine Angst, unterlegen zu sein.
Verwandelt sich in:
Meine Angst, dass X schlecht über mich spricht.
Verwandelt sich in:
Meine Angst, dass sie etwas Verletzendes tut.
Verwandelt sich in:
Meine Angst, dass mich niemand unterstützt.
Verwandelt sich in:
Meine Angst, verlassen zu werden.
Verwandelt sich in:
Mein Wunsch, unabhängig und mutig zu sein.

Ergebnis der Nachbesprechung:
Das Konkurrenzthema hat viele Aspekte von Gittas Wut und Ängsten zum Vorschein gebracht. Jetzt fühlt sie sich aber stark genug, um gelassen mit ihrer Kollegin und mit sich selbst umzugehen.

Affirmation, mit der Klopfsequenz verankern:
Ich blicke optimistisch in die Zukunft und ich weiß, dass ich stark und durchsetzungsfähig bin.

• • •

Wenn wir uns zu sehr nach außen orientieren, öffnen wir Übergriffen Tür und Tor. Das Wunderbare an den Meridian-Techniken ist, dass wir wieder selbst das Ruder in die Hand nehmen und eine neue Selbstsicherheit gewinnen. Durch das Klopfen beweisen wir uns, dass wir unsere Befindlichkeit verändern können und unseren destruktiven Mustern ebenso wenig ausgeliefert sind wie unfreundlichen Mitmenschen. Außerdem verstärkt sich durch die Selbstbeobachtung das Gespür für die eigenen Gefühle und Wünsche. Die Einsicht in das eigene Innenleben ist ein Schutz, wenn die Energie von anderen Menschen auf uns einstürmt. Wer sich beobachtet, verlässt die Opferrolle und handelt selbstbestimmt.

Immer wieder ist auch eine stille Meditation eine große Hilfe, wenn die Stürme des Lebens uns umtosen und wir alle Kraft brauchen, um in unserer Mitte zu bleiben.

◆ Still sitzen

— Stellen Sie eine Eieruhr auf fünf Minuten.

— Setzen Sie sich gerade aufgerichtet auf einen Stuhl. Die Hände liegen auf den Oberschenkeln, die Füße stehen schulterweit auseinander auf dem Boden.
Oder nehmen Sie Ihre gewohnte Meditationsposition ein.

— Schließen Sie die Augen, und konzentrieren Sie sich nur auf Ihre Haltung.

— Wenn Ihre Gedanken abschweifen, kehren Sie freundlich, aber unbeirrt immer wieder zu der Konzentration auf Ihre Haltung zurück.

— Bewegen Sie sich während dieser fünf Minuten nicht!
Sitzen Sie still.

Steigern Sie das »Stillsitzen« bis auf 30 Minuten. Die einzige Bewegung, die dann erlaubt ist, ist das Aufrichten, wenn Sie in sich zusammengesunken sind.

Am Anfang ist diese Übung hart, weil sich alles in uns gegen diese strenge Disziplin auflehnt. Doch mit der Zeit wird es Ihnen leichter fallen, und Sie werden sehr stolz sein, dass Sie Ihren inneren Schweinehund überwinden. Ihre Sitzdisziplin stärkt Ihre Gedankendisziplin, so werden Sie sich nach und nach immer besser konzentrieren können. Und ganz nebenbei werden Sie selbstbewusster und mutiger, denn wenn man seinen inneren Dämonen standhält, werden auch die äußeren kleiner.

◆

Gezieltes Aufräumen in Beziehungen kann viel Veränderung bedeuten. Wichtig ist, dass man nicht nur das Ziel im Auge behält und klopft, sondern auch die Veränderungen mit einbezieht, die dieses Ziel mit sich bringt. »Wie wird es sein, wenn X nicht mehr in meinem Leben vorkommt?« Sehen Sie tapfer allen Ängsten ins Gesicht. Die Meridian-Techniken sind darauf angelegt, Sie zu unterstützen.

Gerade die Loslösung aus destruktiven Beziehungen ist besonders schwer, weil wir schon so viel Energie, Liebe und Hoffnung hineingesteckt haben. Doch trösten Sie sich, das Aufräumen und Ordnen der Vergangenheit wirkt reinigend wie ein Frühjahrsputz und gibt viel Kraft für die Zukunft. Und es gibt sicher in Ihrem Leben Freunde, die Sie unterstützen. Bitten Sie um Hilfe! Wenn man Donald Keough, dem ehemaligen Boss von Coca-Cola, glauben darf, ist die Fähigkeit, um Hilfe bitten zu können, ein wunderbares Erfolgsrezept.

Er sagt: »Was die, die erfolgreich sind, von jenen trennt, die es nicht sind, steht in direktem Verhältnis dazu, wie gut sie um Hilfe bitten können.«

Verzeihen beweist Stärke

Auch Aufräumen hat ein Maß. Wenn man erst mal richtig in Fahrt gekommen ist, gewinnt diese Kraft eine Eigendynamik und dann schüttet man schon mal das Kind mit dem Bad aus. Man fühlt sich so stark, dass man Lust bekommt, alte Rechnungen zu begleichen. Ein kleiner Rachefeldzug kann äußerst befriedigend sein, aber er ist nur in wenigen Fällen der beste Balsam für alte Wunden und selten der endgültige Schlussstrich unter eine verunglückte Beziehung. Besonders Menschen, denen wir etwas nachtragen, sind Überlebenskünstler in unserem Kopf. Alte Kränkungen, Scham und Wut bleiben gern präsenter, als uns lieb ist. Wie eingebrannt in unser Gedächtnis wirken sie und tauchen als ungewollte Erinnerung immer wieder auf, um uns zu quälen. Verdrängen funktioniert in diesen hartnäckigen Fällen nicht. Die wirksamste Methode, um den alten Krempel loszuwerden, ist das Verzeihen. Im ersten Moment sträuben sich uns die Haare bei der Vorstellung, jemandem zu verzeihen, der uns belogen und betrogen hat, doch diese Veränderung unserer Einstellung vollziehen wir nicht für den anderen, sondern für uns: für unseren Frieden und für unsere Gesundheit. Verzeihen ist in seinem Kern Mitgefühl mit uns selbst, denn wir leiden an den nachgetragenen Gefühlen. Der anderen Person schaden wir damit nicht. Wir schaden nur uns selbst. Sogar unserer Gesundheit. Manche Menschen entwickeln körperliche Symptome wie Schlaflosigkeit, Bluthochdruck, Kopf- und Magenschmerzen und eine Schwächung ihres Immunsystems. Es ist also eine Form von Intelligenz und Selbstschutz, wenn wir verzeihen.

Manche Menschen glauben, Verzeihen sei ein Zeichen von Schwäche und Unterwerfung. Das Gegenteil ist der Fall: Sobald wir etwas akzeptieren, entkommen wir der Opferrolle. Wir nehmen unser Leben wieder in die eigenen Hände und bestimmen, dass wir nicht in unserem Leid verharren werden.

Als der Dalai Lama bei der Verleihung des Friedensnobelpreises gefragt wurde, wie er angesichts der katastrophalen Zustände in Tibet die Ruhe behalten könne und warum er keine Anzeichen von Wut auf China zeige, antwortete er: »Sie haben uns alles genommen. Soll ich auch noch zulassen, dass sie mir meinen Geist stehlen?«

Ist er der Richtige?

Tina war 23, als ihre große Liebe ihr einen Heiratsantrag machte. Sie war überglücklich und stürzte sich in die Vorbereitungen. Ein Leben mit Stefan war der Inbegriff dessen, was sie sich schon als kleines Mädchen gewünscht hatte. Und sogar die Schwiegereltern mochten sie. Sie schwebte wie auf Wolken, als Stefan am Tag vor dem Polterabend vor ihrer Tür stand. Er drückte ihr einen Brief in die Hand und verschwand sofort wieder. Fröhlich riss sie das Kuvert auf und erstarrte. Auf dem Blatt standen nur zwei Sätze: »Ich kann dich nicht heiraten. Es tut mir leid.«

Die folgende Zeit war grauenvoll. Nicht nur wegen des Skandals und der Peinlichkeit, sondern vor allem wegen der elementaren Verunsicherung, die Stefans Flucht ausgelöst hatte. Stefan hatte sich danach auf kein Treffen mehr eingelassen und jede weitere Erklärung verweigert. So hatte sie nie verstanden, was in ihm vorgegangen war, warum er so plötzlich alles hingeworfen und welchen Anteil sie daran hatte. Mit dieser Hypothek hatte sie vier Jahre später Alex kennen gelernt. Er ging gut mit ihr und ihrer Bindungsscheu um und hatte nach und nach ihr Herz gewonnen. Aber ist er der Richtige?

1. Durchgang

Thema: »Die Angst, ob Alex der Richtige ist«

Skalierung: 7

Ausgleichsatmung

Thymusdrüse im Dreivierteltakt klopfen ... und lächeln.

Heilender Punkt:

- **Das Problem formulieren**
  Obwohl ich unsicher bin, ob Alex der Richtige ist,
  [mit Liebe und Akzeptanz verbinden]
  liebe und akzeptiere ich mich voll und ganz.
- **Widerstände formulieren**
  Obwohl sich etwas in mir verändern müsste, wenn ich zulassen will, dass ich Alex vertraue,
  [mit Liebe und Akzeptanz verbinden]
  liebe und akzeptiere ich mich voll und ganz.

Die Klopfsequenz mit Behandlungssatz:
Meine Angst, ob Alex der Richtige ist.

Skalierung nach der Klopfsequenz: 1

Ergebnis der Nachbesprechung:
Alex ist der Richtige, aber »würde er treu sein«?

Skalierung: 8

2. Durchgang

Heilender Punkt mit neuer Formulierung:

- *Obwohl ich Angst habe, dass Alex mir nicht treu sein wird,*
  [mit Liebe und Akzeptanz verbinden]
  liebe und akzeptiere ich mich voll und ganz.
- **Widerstände formulieren**
  Obwohl sich wichtige Teile in mir nicht vorstellen können, dass Alex treu ist,
  [mit Liebe und Akzeptanz verbinden]
  liebe und akzeptiere ich mich voll und ganz.

Die Klopfsequenz mit Behandlungssatz:
Meine Angst, dass Alex mir nicht treu ist.

Verwandelt sich in:
Meine Scham, dass Stefan mich verlassen hat.
Verwandelt sich in:
Meine Schuldgefühle, weil ich glaube, dass ich etwas falsch gemacht habe.
Verwandelt sich in:
Meine Schuldgefühle, weil ich nichts gemerkt habe.
Verwandelt sich in:
Meine Schuldgefühle, weil ich mir eingebildet habe, ihn zu kennen.
Verwandelt sich in:
Meine Schuldgefühle, weil ich so unsensibel war.

Skalierung nach der Klopfsequenz: 1

Ergebnis der Nachbesprechung:
Die Schuldgefühle sind verschwunden, aber jetzt spürt Tina eine große Traurigkeit.

3. Durchgang

Heilender Punkt mit neuer Formulierung:

- *Obwohl ich traurig bin, weil ich die ganze Entwicklung mit Stefan nicht gespürt habe,*
  [mit Liebe und Akzeptanz verbinden]
  liebe und akzeptiere ich mich voll und ganz.
- **Widerstände formulieren**
  Obwohl Teile von mir immer noch mit Stefan verstrickt sind und sich wehren, loszulassen,
  [mit Liebe und Akzeptanz verbinden]
  liebe und akzeptiere ich mich voll und ganz.

Neue Klopfsequenz mit Behandlungssatz:
Meine Traurigkeit, weil ich damals nichts bemerkt habe.

Verwandelt sich in:
Meine Trauer, dass Stefan mich verlassen hat.
Verwandelt sich in:
Meine Wut, dass Stefan mich sitzen gelassen hat.

Skalierung nach der Klopfsequenz: 0

Ergebnis der Nachbesprechung:
Die negativen Gefühle sind aufgelöst und machen einer Akzeptanz für die Situation, so, wie sie damals war, Platz. Weil dieser Prozess so komplex und so vielschichtig war, bietet sich eine Affirmation an, die das Bearbeitete zusammenfasst und das Verzeihen einschließt.

Affirmation, mit der Klopfsequenz verankern:
Ich akzeptiere, dass mich Stefan verlassen hat, und ich verzeihe ihm und mir alles, was wir uns damit angetan haben.

Nachbesprechung:
Tina hatte jetzt zwar die alte Geschichte losgelassen, aber damit waren noch nicht alle Blockaden gegen Alex aufgelöst.

4. Durchgang

Heilender Punkt mit neuer Formulierung:

- *Obwohl ich Angst habe, dass Alex mich nur als zartes, beschützenswertes Wesen sieht,*
  [mit Liebe und Akzeptanz verbinden]
  liebe und akzeptiere ich mich voll und ganz.
- **Widerstände formulieren**
  Obwohl ich viel Neues in mein Leben lassen muss, wenn ich die Angst loslassen will, dass Alex mich nur liebt, weil er mich beschützen kann,
  [mit Liebe und Akzeptanz verbinden]
  liebe und akzeptiere ich mich voll und ganz.

Neue Klopfsequenz mit Behandlungssatz:
Meine Angst davor, immer das zarte Wesen sein zu müssen.

Verwandelt sich in:
Meine Angst, dass Alex mich nicht so sieht, wie ich bin.
Verwandelt sich in:
Meine Wut auf mich, dass ich immer wieder das kleine Mädchen spiele.

Skalierung nach der Klopfsequenz: 0

Ergebnis der Nachbesprechung:
Die Wut ist zwar vergangen, aber die Angst, nicht liebenswert zu sein, ist noch da.

5. Durchgang

Heilender Punkt mit neuer Formulierung:
- *Obwohl ich Angst habe, dass ich nicht so geliebt werde, wie ich bin,*
  [mit Liebe und Akzeptanz verbinden]
  liebe und akzeptiere ich mich voll und ganz.
- **Widerstände formulieren**
  Obwohl ich es nicht verdient habe, dass mich Menschen so lieben, wie ich bin,
  [mit Liebe und Akzeptanz verbinden]
  liebe und akzeptiere ich mich voll und ganz, mit allen Ecken und Kanten und allem, was mich schwierig für andere macht.

Neue Klopfsequenz mit Behandlungssatz:
Meine Angst, dass mich niemand so liebt, wie ich bin.

Skalierung nach der Klopfsequenz: 2

Ergebnis der Nachbesprechung:
Ein kleines bisschen Angst ist noch übrig geblieben, aber das findet Tina angemessen. Sie ist froh und stolz, dass sie so viel bewältigt hat.
Als **Affirmation** will sie noch etwas von diesem Gefühl mit auf den Weg nehmen:
Ich verzeihe mir meine Unsicherheiten, und ich bin froh und stolz, dass ich so bin, wie ich bin.

• • •

Verzeihen heißt, etwas Furchtbares in etwas Fruchtbares zu verwandeln. Verzeihen ist selbstbestimmte Lebensgestaltung und heißt nicht, dass wir damit etwas gutheißen und damit andere ermutigen, uns schlecht zu behandeln. Verzeihen heißt, dass wir die Tatsachen akzeptieren, wie sie sind, und uns dafür entscheiden, alte Wunden zu heilen und uns nicht länger von der Vergangenheit negativ beeinflussen zu lassen. Wir entscheiden uns für die Zukunft, denn wir rauben dem Negativen die Macht über uns und nutzen die frei werdende Energie für die Gegenwart.

Der Schwache kann nicht verzeihen.
Verzeihen ist eine Eigenschaft des Starken.
Mahatma Gandhi

Die Meridian-Techniken sind besonders geeignet, um die energetischen Blockaden, die alte Wunden verursacht haben, aufzulösen. Sie brauchen denjenigen, der Sie verletzt hat, nicht dazu, und Sie können ganz selbstbestimmt entscheiden, wie Sie vorgehen wollen.

- Formulieren Sie einen Leitsatz,
- sprechen sie ihn dreimal laut aus, während Sie den Heilenden Punkt massieren,
- klopfen Sie danach alle 14 Punkte, während Sie Ihren Leitsatz weiter laut aussprechen.
- Falls es nicht sofort zu einer Entspannung kommt, wiederholen Sie den Satz in derselben oder einer veränderten Form an den darauf folgenden Tagen so lange, bis sich das Gefühl von Verzeihen vollständig eingestellt hat.

Bevor Sie diese Technik einsetzen, könnten Sie sich überlegen, welche Aspekte des Themas Ihnen besonders zu schaffen machen. Zum Beispiel ist es oft sehr hilfreich, die eigenen Anteile zu beleuchten und sich zuerst selbst zu verzeihen:

Ich verzeihe mir alles, was ich zu der Situation beigetragen habe.
Ich verzeihe mir, dass ich zu schwach war, um …
Ich verzeihe mir, dass ich zu große Angst hatte, um …
Ich verzeihe mir, dass ich zu wütend war, um …
Ich verzeihe mir alles, was ich getan habe, dass … passieren konnte.
Ich verzeihe mir, dass ich diese furchtbare Angst vor Konflikten habe.
Ich verzeihe mir, dass ich immer noch so traurig bin, …
Ich verzeihe mir, dass es mir so schwerfällt, zu verzeihen.
Ich verzeihe mir meinen Anteil an diesem Konflikt, weil ich weiß, dass ich mein Bestes getan habe.
Ich verzeihe mir, obwohl ich die Konsequenzen nicht absehen kann.
Ich verzeihe mir, weil ich mir selbst so wichtig bin.
Ich verzeihe mir und erlaube mir, glücklich zu sein.
Ich fühle mich stark genug, um mir (und anderen) zu verzeihen.

Nachdem man die negativen Emotionen, die die eigenen Anteile betreffen, bearbeitet hat, ist es oft schon viel leichter, anderen zu verzeihen. Sobald man sich verziehen hat, ist man mit sich selbst im Reinen, und das ist die beste Voraussetzung, um anderen zu verzeihen.

Finden Sie Ihre eigene Formulierung und sprechen Sie den vollständigen Namen der Menschen, denen Sie verzeihen wollen, laut aus.

Ich verzeihe X.
Ich verzeihe X, weil ich weiß, dass er sich nicht anders verhalten konnte.
Oder, wenn die eigenen Widerstände sehr stark sind:
Ich erlaube mir, X zu verzeihen.

Manchmal steht dem Verzeihen auch unser Stolz entgegen oder die Angst, was andere von uns halten werden, oder die Angst, den anderen zu ermutigen, uns weiterhin schlecht zu behandeln. Klopfen Sie auch das:

Ich verzeihe mir meinen falschen Stolz und entschließe mich, das alte Muster loszulassen.
Ich verzeihe allen, die schlecht von mir denken.
Ich verzeihe mir meine Angst, dass das Verzeihen mir nicht weiterhilft.
Ich verzeihe mir meine Angst, dass das Verzeihen nichts verändert.
Ich verzeihe mir meine Angst, dass das Verzeihen nicht verhindert, dass Ähnliches wieder passiert.
Ich verzeihe …

Wenn es uns sehr schlecht geht, dann verfallen wir leicht auf die Idee, dass die bedrückenden Gefühle wie Scham, Verzweiflung und Trauer sehr tief und unerreichbar in uns verborgen liegen. Doch dieses Gefühl trügt uns. Das Bedrückende existiert nur an der Oberfläche. Tief in unserem Innern warten Ruhe, Freude und Glück. Selbstbeobachtung und Meridian-Klopfen sind gute Werkzeuge, dahin vorzudringen und uns das Leben, ob allein oder in der Gemeinschaft, zu erleichtern.

Komplizierte Wunden heilen nicht immer im ersten Anlauf. Nehmen Sie sich Zeit, vielleicht brauchen Sie viele kleine Schritte, um gedankliches Gerümpel und alten Gefühlsballast loszuwerden. Der Weg lohnt sich, denn die Bereitschaft, zu verzeihen, befreit Sie von einschränkenden Mustern und eröffnet neue Perspektiven – auch für Partnerschaften.

7. *Ordnung für die Zukunft: Ich gehe meinen Weg*

Das Glück

Ein Suchender kommt zu einem Weisen. Verzweifelt schildert der Mann ihm, was er schon alles getan hat, um inneren Frieden und wahres Glück zu finden.
Darauf antwortet der Meister ihm fröhlich: »Auf deiner Suche nach Glück hetzt du durch dein Leben. Du bist ständig so in Eile, dass es dich nicht einholen konnte. Das Glück läuft immer hinter uns her, doch wenn wir ständig in Bewegung sind, erreicht es uns nicht.«

Das Glück erreicht uns, wenn wir bei uns selbst ankommen. Und das heißt: in diesem Moment, im Jetzt. Meistens sind wir gedanklich in der Vergangenheit oder in der Zukunft. Wenn Sie Ihre Gedanken beobachten, wird es Ihnen auffallen: Sie pendeln ständig zwischen Erinnern und Erwarten. So verpasst man die Gegenwart. Man nimmt nicht das wahr, was gerade passiert, schmeckt nicht, was man gerade isst, fühlt nicht, was die Situation auslöst, und hört nicht wirklich das, was der andere sagt. Wer nicht im gegenwärtigen Moment lebt, lebt in ständiger innerer Unruhe, und das heißt einerseits Stress und andererseits Unzufriedenheit, weil man nicht dort ist, wo man sein möchte.

Das Glück einladen

Durch das bewusste Wahrnehmen kommen wir zur Ruhe, gleichzeitig entlasten wir unser Unbewusstes, das sonst ständig neue Informationen nach oben spült und uns damit auf Trab hält. Wenn wir diese Bewegung unterbrechen und uns zum Beispiel unseren Ängsten stellen, richten wir uns auf, und wir spüren uns. Oft wird man dafür sofort belohnt, denn etwas Unangenehmes unverhüllt anzuschauen ist meist erleichternd und fast immer weniger schlimm als das, was die Fantasie daraus macht.

Menschen haben die ungünstige Neigung, zu dem eingetretenen Missgeschick noch etwas dazuzupacken. So reicht es uns selten, uns wegen eines Fehlers auf einen kurzen Rüffel vom Chef einzustellen. Schnell malen wir uns eine öffentliche Demütigung aus, die alle unsere Fehler, alle Nachlässigkeiten und jeder Patzer auf das Peinlichste ans Licht zerrt und unseren Ruf ein für alle Mal ruiniert. So wird ein kleines Ereignis durch die aufgeheizte Vorstellungskraft immer größer und monströser.

Fast jeder kennt diese Neigung zum Katastrophisieren. Dieser hausgemachte Stress erzeugt seelische und körperliche Blockaden und schädigt unser Immunsystem, denn emotionales Chaos, Angst und Orientierungslosigkeit führen leicht zu Erschöpfungszuständen und Resignation. Wenn es schlimm kommt, werden daraus Depressionen und körperliche Krankheiten.

Innehalten, zur Ruhe kommen, sich einem Problem oder einem Schmerz aussetzen reduziert den Stress. Einsicht stärkt unsere Fähigkeit zur Akzeptanz, eröffnet neue Perspektiven, erleichtert die Kommunikation und erhöht die Chance, dass andere uns unterstützen. Wer sich seine Probleme anschaut, entlastet sich nicht nur, sondern schafft gleichzeitig Ordnung in seinem Leben und steigert so seine Lebensqualität. Seelischer Ballast wirkt auf Leib und Seele noch störender als überflüssiger Kram in der Wohnung. Bewusste und unbewusste Altlasten behindern den freien Fluss der Energie und sperren Vitalität und Lebensfreude aus.

Die gesamte Glücksforschung bestätigt, dass das Ignorieren keine gute Strategie ist. Glückliche Menschen verdrängen ihre Probleme nicht, sondern gehen sie an. Wer sich der Erfahrung von Leid in allen seinen Schattierungen von Wut über Eifersucht und Neid bis zu Angst, Trauer und Scham öffnet, gibt sich die Möglichkeiten, all das hinter sich zu lassen. Sich seinen Dämonen zu stellen verbessert die gesamte Gefühlslage, stärkt die Gesundheit und eröffnet Chancen für ein aufrichtiges Miteinander. Sicherlich kostet es Mut, seine altbekannte Komfortzone zu verlassen, um neue Erfahrungen zu machen, aber es lohnt sich, denn: Wer sich weiterentwickelt und sich dabei selbst findet, ist glücklicher.

Schöner hat es der griechische Philosoph Sokrates vor über 2400 Jahren formuliert:

> Alles Lernen ist nur das Wegräumen von Ballast,
> bis so etwas übrig bleibt
> wie eine leuchtende innere Stille.
> Bis du merkst,
> dass du selbst
> der Ursprung von Frieden und Liebe bist.

Achtsamkeit, Meditation und die Klopftechniken schaffen einen direkten Zugang zum Bewusstsein der momentanen Gefühle, ebenso wie auf andere Weise das Schreiben eines Tagebuchs oder eine Psychotherapie. Schon der Vater der Psychoanalyse, Sigmund Freud, hat gesagt: »Wo Es (das

Unbewusste) ist, soll Ich noch werden.« Gemeint hat er damit, dass wir, je mehr wir von den Inhalten des Unbewussten ans Licht fördern, also je besser wir uns kennen lernen, umso mehr den Prozess unserer Selbstwerdung und damit unser Glücklichsein unterstützen.

Dieser Reifungsprozess stärkt auch das Vertrauen in die Zukunft. Und wie man aus der Forschung[32] weiß, unterstützt unser Gedächtnis diesen Verlauf: Es speichert positive Eindrücke lieber als negative. So kann man nach und nach immer mehr innere Sicherheit gewinnen und dann immer gezielter hinschauen, wenn berechtigte und unberechtigte Zukunftsängste, die uns belagern, gebändigt und geordnet werden wollen.

Zukunftsangst

Meine Klientin war Ende dreißig. Sie arbeitete schon lange als selbstständige Beraterin, doch dann waren immer mehr Kunden ausgeblieben. Einige waren arbeitslos und konnten sich ihre Sitzungen nicht mehr leisten, manche sparten oder sie hatten andere, unbekannte Gründe. Meine Klientin befürchtete, dass sie bei den wenigen Anmeldungen bald ohne Geld dastehen würde. Ihre Angst vor dem finanziellen Ruin ließ sie nachts nicht mehr schlafen.

Thema: »Angst vor dem finanziellen Ruin«

Skalierung: 9

Ausgleichsatmung

Thymusdrüse im Dreivierteltakt klopfen ... und lächeln.

Heilender Punkt:

- **Das Problem formulieren**
  Obwohl ich Angst habe, dass mich niemand mehr engagiert,
  [mit Liebe und Akzeptanz verbinden]
  liebe und akzeptiere ich mich so, wie ich bin.
- **Widerstände formulieren**
  Obwohl ich es nicht verdient habe, ohne Existenzangst zu leben,
  [mit Liebe und Akzeptanz verbinden]
  liebe und akzeptiere ich mich voll und ganz.

Klopfsequenz mit Behandlungssatz:
Meine Angst, dass ich keine Aufträge bekomme.

Verwandelt sich in:
Meine Angst, nicht gut genug zu sein.
Verwandelt sich in:
Niemand liebt mich.
Verwandelt sich in:
Meine Angst, nicht geliebt zu werden.

Skalierung nach der Klopfsequenz: 1

Ergebnis der Nachbesprechung:
Die Ängste haben sich aufgelöst. Aufgetaucht ist der Wunsch nach einem Ziele-Coaching und einer Affirmation, die bis zum nächsten Termin noch mehr in Bewegung bringt.

Affirmation, mit der Klopfsequenz verankern:
Ich wähle, die Akquisition neuer Kunden mutig und voller Elan anzugehen.

• • •

Äußere Umstände bestimmen unser Befinden viel weniger, als man allgemein annimmt. Zufriedenheit ist unter den allermeisten Umständen möglich, es kommt allerdings auf uns an und darauf, wie wir etwas wahrnehmen: halbvoll oder halbleer. Wer sich über sein Leid am stärksten spürt, also tendenziell auch eher Leidvolles erwartet, dem wird es anfangs schwerfallen, konsequent nach dem Glück Ausschau zu halten, denn die Wahrnehmungsstrategie ist so eingestellt, dass man das bekommt, was man erwartet: Kummer.

Will man seine Blickrichtung verändern, geht das nicht über die Unterdrückung von Gefühlen. Das Gegenteil ist notwendig: Wer etwas verändern will, muss zuerst alle Gefühle, die um das Thema kreisen, zulassen, denn nur das, was man spürt, kann man auflösen:

Obwohl ich Angst vor der Zukunft habe,
Obwohl ich mich wie festgefahren fühle,
Obwohl ich wütend auf mich bin, weil ich immer noch nicht, …
Obwohl ich mich schäme, sogar mir selbst einzugestehen, dass …
Obwohl ich Angst habe, dass ich bestraft werde, wenn …
Obwohl ich das Gefühl habe, dass ich immer versage, wenn es darauf ankommt,
Obwohl ich noch nie eine Prüfung mit »sehr gut« bestanden habe,
Obwohl ich nicht weiß, was ich wirklich erreichen will,
Obwohl ich Angst habe, zu versagen,
Obwohl ich glaube, dass ich zu weich bin, um …
Obwohl ich mich so hilflos fühle,
Obwohl ich glaube, dass ich zu dumm bin, um …
Obwohl ich mich wie blockiert fühle, wenn …
Obwohl ich mir selbst im Wege stehen, wenn …

Obwohl ich diese Kraftlosigkeit spüre, wenn …
[mit Liebe und Akzeptanz verbinden]
liebe und akzeptiere ich mich voll und ganz mit allen meinen Schwierigkeiten und Macken.

Alle Ängste, Befürchtungen und Sorgen auszusprechen und zu klopfen erleichtert Ihre Last. Oft begegnet man bei dieser Inventur eigenen Anteilen, die man vernachlässigt hat. Nicht verwirklichte Wünsche und Träume verschaffen sich plötzlich Raum. Und besonders nagt nicht gelebtes Leben gern unterschwellig an unserer Vitalität, legt sich drückend auf unsere Stimmung und verursacht Unglücklichsein und Schwermut. Sich das einzugestehen lässt vergessene Talente wieder auftauchen und brachliegende Kreativität wieder erwachen. Jedes Aufräumen im inneren Haus bringt mehr Klarheit und neuen Spielraum für die Zukunft. Zwar gibt es Menschen, die sagen, dass sie Chaos anregend und kreativ finden, und nach den Erfahrungen von Psychologen mag das durchaus für einen Übergangszustand stimmen, doch bei den allermeisten stellen sich Wohlbefinden und Ruhe erst nach dem Entrümpeln ein.

Loslassen

Zwei Mönche waren auf der Wanderschaft. An einem Fluss begegneten sie einer außergewöhnlich schönen jungen Frau in einem prächtigen Kleid. Da das Wasser sehr tief war, konnte sie den Fluss nicht durchqueren, ohne ihr Kleid zu verderben.

Also hob sie der eine Mönch unbekümmert auf seine Schultern und watete mit ihr auf die andere Seite. Dort setzte er sie trocken ab und verabschiedete sich. Danach wanderten die beiden Mönche weiter.

Einige Zeit später fing der eine Mönch an, den anderen nachträglich zu kritisieren: »Du weißt doch, dass das, was du getan hast, nicht richtig war. Du weißt, dass wir Frauen nicht so nahe kommen dürfen. Wie konntest du nur gegen diese Regel verstoßen!«
Der Mönch, der die Frau durch den Fluss getragen hatte, hörte sich die Vorwürfe des anderen gelassen an. Dann antwortete er: »Ich habe die Frau vor einer Stunde am Fluss abgesetzt. Warum trägst du sie immer noch?«

Wenn das Leben unbeschwerter werden soll, ist es gut, sich von alten Geschichten zu befreien. Wer Altes loslässt, entlastet sich und schafft Raum für eine andere Zukunft. Loslassen ist der Königsweg zum Auflösen von Unordnung, denn es macht den Weg frei für einen harmonischen Fluss der Energien und lädt immer mehr Freude und Unbekümmertheit ein.

Doch bevor man wirklich loslassen kann, sind manchmal noch einige Hindernisse zu überwinden. Die größten liegen in uns selbst. Es sind die Teile, die keine Veränderung wollen und darum auf Widerstand schalten. Manche sind gleich zu erkennen, anderen kann man erst mit den richtigen Fragen auf die Spur kommen. Da die meisten Widerstände auf einschränkenden Glaubenssätzen beruhen, wird man schnell fündig, wenn man konsequent nach Vor- und Nachteilen fragt, die der Istzustand bzw. das Loslassen mit sich bringt.

Gehen Sie bei einem bedrückenden Problem oder einer unbefriedigenden Situation den folgenden Fragenkatalog durch. Die Antworten werden Ihnen den Weg zur Lösung weisen.

- Welcher Glaubenssatz lässt mich an X festhalten?
- Was in meinem Selbstbild hindert mich daran, X loszulassen?
- Was müsste ich verändern, wenn ich X loslasse?
- Welchen Vorteil habe ich, wenn ich X nicht loslasse?
- Welchen Nachteil bringt mir eine Veränderung?
- Welche positiven Aspekte verspreche ich mir davon, an X festzuhalten?
- Vor welchen Veränderungen fürchte ich mich, wenn ich X loslasse?
- Wie werden andere reagieren, wenn ich X loslasse?
- Was ist das Schlimmste, das passieren kann, wenn ich X loslasse/nicht loslasse?

Es heißt, dass man ein Problem erst lösen kann, wenn man sich selbst davon gelöst hat. Darum ist der entscheidende Schritt – wie im Ziele-Kapitel ausführlich beschrieben – die Selbstbefragung. Ein unaufgeräumter Kopf kann viel Unheil stiften, weil er mit seiner eingeschränkten Sicht nur Ausschnitte sieht, und die verzerren das gesamte Bild. Sehen Sie Ihren Themen direkt ins Gesicht. Das Loslassen von schmerzlichen Erinnerungen, von Ängsten und Ärger lässt Sie nicht nur leichter und beschwingter in die Zukunft sehen, es ebnet zusätzlich den Weg zu einer stabileren Gesundheit.

Und das Wichtigste: Lassen Sie die Angst los, sich selbst kennen zu lernen. Freuen Sie sich darauf!

Ein klarer Kopf sieht die Realität und akzeptiert das, was ist: Niemand ist perfekt, und jeder ist auf seine Art wunderbar.

◆ Gehmeditation

Wenn man sich sehr unter Druck fühlt, fällt es manchmal leichter, sich in der Bewegung zu konzentrieren als sitzend. Ob Sie lieber sitzen oder sich bewegen, sollten Sie je nach Situation neu entscheiden. Das eine ist so gut wie das andere. Gehmeditationen gehören zu unterschiedlichen spirituellen Traditionen, doch auch über Tai-Chi, Qigong, Hatha-Yoga und meditatives Wandern wird man sich seines Körpers bewusst und lernt, sich zu konzentrieren. Durch die Konzentration auf die Bewegung kommt der Geist zur Ruhe, die Energie wird harmonisiert und der Stress verflüchtigt sich.

- Gehen Sie langsam und achtsam Schritt für Schritt.
- Spüren Sie, wie Sie den Fuß aufsetzen und langsam absenken.
  Spüren Sie, wie die Ferse den Boden berührt.
  Spüren Sie, wie sich das Körpergewicht verlagert.
  Spüren Sie, wie der eine Fuß ganz auf dem Boden aufliegt.
  Spüren Sie, wie der andere Fuß die Ferse anhebt.
  Spüren Sie, wie Sie über die Zehen abrollen.
  Spüren Sie, wo Ihr Schwerpunkt liegt und wie er sich verändert.
- Atmen Sie ganz natürlich.
- Gehen Sie sehr behutsam, und wählen Sie ein Tempo, das Ihnen genug Zeit für die Beobachtung Ihrer Bewegungen lässt.
  Sie müssen nirgendwo ankommen. Das Ziel ist einzig das bewusste Gehen, die bewusste Bewegung.

Gehmeditationen können Sie überall üben, selbst auf einer lauten Straße.

Für Menschen, die sich sehr gestresst fühlen, kann schon die Drosselung des Tempos eine Herausforderung sein. Die Vorstellung von Ruhe wirkt dann weniger wie ein verlockendes Versprechen, sondern mehr wie eine Kampfansage an einen eigenwilligen Geist. Doch gerade die Verlagerung der Konzentration von dem Tumult im Kopf auf eine Bewegung des Körpers kann die Erholung bieten, die der unruhige Geist braucht.

◆

Punktlandung

Wenn man sich von einschränkenden Annahmen über sich selbst befreit, kann man sich weiter entwickeln, als man es selbst für möglich hält. Sie müssen nicht bis ans Lebensende schüchtern und schwermütig bleiben. Und wollen Sie wirklich weiter von sich glauben, dass Sie ungeschickt sind und nicht einparken können? Negative Glaubenssätze sind selten hilfreich und fast nie ein Schutz. Was sie schützen, ist vor allem der Opferstatus, den sie selbst hervorgerufen haben. Doch den möchten die meisten Menschen nach genauer Betrachtung irgendwann gegen ein selbstbestimmtes Leben eintauschen. Um diese Veränderung anzugehen und selbst wieder das Ruder in die Hand zu bekommen, sollte man sich Folgendes fragen: Was sind meine Stärken?

Denken Sie an die sieben Säulen der Resilienz, die in Kapitel 1 beschrieben sind und die Sie durch das Buch begleitet haben: Selbstbewusstsein, Akzeptanz, die Fähigkeiten, sich aus der Opferrolle zu befreien und Verantwortung zu übernehmen, Offenheit für Freundschaften, Lösungsorientierung und die Entschlossenheit, die Zukunft umsichtig zu planen. Während andere sich erschöpft und frustriert fühlen, wissen Sie, wo Sie in Krisensituationen anknüpfen können und wie Sie durch Bewusstheit und die Meridian-Techniken Ihren Energiespeicher wieder auffüllen können.

Ordnung ist ein dynamisches System. Ständig ist etwas in Bewegung, und es tut uns gut, das, was passiert, wahrzunehmen und immer wieder eine neue Balance zu suchen. Ich glaube nicht, dass es darum geht, mit letzter Kraft einmal gesteckte Ziele zu erreichen, wenn man sich danach erschöpft und ausgebrannt fühlt. Ziele sind als Orientierung wichtig, und weil sie uns Kraft geben und Vorfreude entfachen. Doch sie können sich verändern wie alles andere auch. Setzen Sie sich Ziele, planen Sie für Ihre Zukunft, aber klopfen Sie sie im doppelten Sinn immer wieder gründlich ab. Vielleicht hat sich ja plötzlich Ihr Anzeiger für ein gelungenes Leben von materiellem Erfolg auf mehr Lebensfreude ausgerichtet. Oder umgekehrt. Es ist schade, wenn man feststellt, dass man sich für etwas angestrengt hat, das man weder wirklich will noch braucht. Und vielleicht geht es darum weniger um Resultate und viel mehr um Entwicklung und größere Entfaltung: Es macht glücklich, zu erkennen, was glücklich macht.

Mit den Übungen zur Schulung der Aufmerksamkeit und den Meridian-Techniken haben Sie eine gute Ausrüstung für die Stürme des Lebens. Einige werden Sie trotzdem weiterhin selbst anzetteln, andere kommen von außen auf Sie zu. Und immer wieder werden Sie den Aufruhr Ihrer Gefühle erleben. Manche Menschen fürchten sich vor Gefühlen wie vor Tretminen. Jeder Schritt auf einen anderen Menschen zu bedeutet dann ein Feld voller Gefahren. Das kann es durchaus sein, doch wer nichts spürt, wer sich nicht spürt und andere nicht spürt, irrt wie ein Farbenblinder durch eine bunte Welt. Unsere große Chance besteht darin, unsere Gefühle wahrzunehmen und dann frei zu entscheiden, ob wir ihnen folgen oder nicht.

Nichts zu spüren und die Unfähigkeit, seine Gefühle zu benennen, ist ein Krankheitsbild und heißt in der Fachsprache Alexithymie.[33]

Alexithymie kann also kein wünschenswerter Ausweg aus schwierigen Gefühlslagen sein, sondern ist ein Elend, das schwere seelische und körperliche Folgen hat.

Wahrscheinlich wünscht sich jeder manchmal ein Mauseloch, weil ihm seine Gefühle zu schaffen machen, doch jedes Gefühl hat seine Botschaft, die gehört werden will. Gefühle zeigen uns, worauf wir achten sollten und was in unserem Leben gut oder schlecht läuft. Darum liegt der Schwerpunkt in diesem Buch auch nicht auf dem reinen Erlernen von Techniken, sondern auf der Bewusstwerdung der Realität und der sie begleitenden Gefühle. Man kann nur aufräumen, wenn man Unordnung erkennt, und man kann nur auflösen, was man zulässt – und das heißt: was man spürt.

Je mehr wir dem, was in uns brodelt, Raum lassen, umso besser lernen wir uns kennen, umso größer sind die Chancen, dass unsere Wunden heilen und dass wir uns mit uns selbst und anderen aussöhnen. Verzeihen, Loslassen, Glücklichsein – das schafft eine unbeschwerte Ordnung.

Dank

Als mir mein alter Weggefährte Michael Görden vor einigen Jahren vom Meridian-Klopfen erzählte, war ich skeptisch – um das Mindeste zu sagen. Trotzdem siegte meine Neugierde, und ich fing an zu recherchieren. Je mehr ich las und ausprobierte, umso begeisterter war ich. Nach der Ausbildung zur MET-Therapeutin®, integrierte ich das Klopfen nach und nach in meine Coachings und entschloss mich, dieses Buch zu schreiben. Danke, Michael.

Heute glaube ich, dass die Klopftechniken bei mir auf so fruchtbaren Boden gefallen sind, weil meine Konzentration schon durch viele Jahre Zen-Training geschult war. Dafür danke ich besonders Peter Lengsfeld, meinem ersten Lehrer, der viel Wert auf die klassische Schulung der Atem-Beobachtung gelegt hat, und Diane Rizzetto, meiner jetzigen Lehrerin, die die Zen-Übung durch Selbstbeobachtung in den Alltag hineinträgt.

Mein Lektor Bernd Jost hat mir sehr dabei geholfen, das Manuskript in die jetzige Form zu bringen. Er war ein kluger und zugewandter Beistand in der schwierigen Zeit des Schreibens. Danke.

Mein Dank gilt auch meinen Freundinnen und Freunden, die mir mit vielen Anregungen und in treuer Verbundenheit beigestanden haben, obwohl das in der letzten Zeit oft eine Einbahnstraße war.

Meinem Mann, Matthias Dittberner, danke ich für die Souveränität, mit der er auch in chaotischen Zeiten die häusliche Ordnung aufrecht hält. Und seinen drei Kindern Julien, Kati und Kiki danke ich dafür, dass sie mit uns ein Stückchen Ordnung und Chaos teilen.

Literatur

Der größte Fundort für diejenigen, die mehr über die Klopftechniken und ihre Anwendung wissen wollen, ist die englische Website von Gary Craig, dem Vater von EFT. Dort kann man auch einen kostenlosen Newsletter abonnieren: http://www.emofree.com/

Für diejenigen, die mehr über die Bedeutung von *Emotionen* erfahren möchten, sind die Vorlesungen, die Dacher Keltner darüber an der Universität Berkeley gehalten hat, eine reiche Fundgrube. Sie können kostenlos als Audiodatei heruntergeladen werden:
http://webcast.berkeley.edu/course_details.php?seriesid= 19 06978369

William **Arntz** et al.: Bleep, Kirchzarten 2006
Charlotte Joko **Beck**: Einfach Zen, München 1995
Roger J. **Callahan**: Der unwiderstehliche Drang, Freiburg 1995
Roger J. **Callahan**: Leben ohne Phobie, Freiburg 2002
Robert **Dilts**: Die Veränderung von Glaubenssystemen. Paderborn 1993
John **Diamond**: Die heilende Kraft der Emotionen, Kirchzarten 2005
Hale **Dwoskin**: Die Sedona-Methode, Kirchzarten 2006
David **Fontana**: Kursbuch Meditation, Frankfurt 1996
Rainer und Regina **Franke**: Sorgenfrei in Minuten, München 2005
Fred P. **Gallo**: Energetische Psychologie, Kirchzarten 2000
Fred P. **Gallo**: befreit, gelöst, entlastet, Kirchzarten 2005
Klaus **Grochowiak** und Susanne **Haag**: Die Arbeit mit Glaubenssätzen. Darmstadt 2005
Silvia **Hartmann**: Emotionale Freiheit, Kirchzarten 2004
Gerald **Hüther**: Bedienungsanleitung für ein menschliches Gehirn, Göttingen 2005

David R. **Hawkins**: Die Ebenen des Bewusstseins, Kirchzarten 2005
Willigis **Jäger**: Das Leben endet nie, Berlin 2005
Dietrich **Klinghardt**: Lehrbuch der Psycho-Kinesiologie, Stuttgart 2005
Jon **Kabat-Zinn**: Stark aus eigener Kraft, München 1995
Jon **Kabat-Zinn**: Heilsame Umwege, München 1995
Erich **Keller**: Endlich frei in der Partnerschaft, Berlin 2005
Stefan **Klein**: Die Glücksformel, Reinbek 2004
Stefan **Klein**: Alles Zufall, Reinbek 2005
Stefan **Klein**: Zeit, Reinbek 2006
Ayya **Khema**: Meditation ohne Geheimnis, Berlin 1996
Clemens **Kuby**: Heilung, München 2005
Peter **Lengsfeld** (Hg.): Hekiganroku, Die Niederschrift vom blauen Fels, 2 Bde., München 2002
Peter **Lengsfeld** (Hg.): Mystik – Spiritualität der Zukunft, Freiburg 2005
Peter **Lambrou**/Georg **Pratt**: Emotionale Befreiung, Reinbek 2005
Anthony de **Mello**: Der springende Punkt, Freiburg 2006
Anthony de **Mello**: Was weiß der Frosch vom Meer, Freiburg 2002
Pascal **Mercier**: Nachtzug nach Lissabon, München 2006
Micheline **Rampe**: Der R-Faktor. Das Geheimnis unserer inneren Stärke, München 2005
Diane Eshin **Rizzetto**: Zen für jeden Tag, München 2006
Klaus **Renn**: Dein Körper sagt dir, wer du werden kannst. Freiburg 2006
Marshall B. **Rosenberg**: Gewaltfreie Kommunikation, Paderborn 2001
Martin E. P. **Seligman**: Der Glücks-Faktor, Bergisch Gladbach 2002
Martin E. P. **Seligman**: Pessimisten küsst man nicht, München 2001
David **Servan-Schreiber**: Die neue Medizin der Emotionen, München 2006

Anmerkungen

[1] Micheline Rampe: Der R-Faktor. Das Geheimnis unserer inneren Stärke, München 2005

[2] Roger J. Callahan: Der unwiderstehliche Drang, Freiburg 1995, S. 77

[3] William Arntz et al.: Bleep, Kirchzarten 2006, S. 157

[4] Vergl.: http://de.wikipedia.org/wiki/Kinesiologie

[5] Peter Lambrou/Georg Pratt: Emotionale Befreiung, Reinbek 2005, S. 15

[6] http://www.emofree.com/

[7] www.radionik.info/weitere/haege/meridiane.php

[8] Vergl.: Lambrou/Pratt: Emotionale Befreiung, Reinbek 2005, S. 126

[9] Lambrou/Pratt, S. 126

[10] vergl.: Lambrou/Pratt, S. 78

[11] Vergl.: John Diamond: Die heilende Kraft der Emotionen, Kirchzarten 2005, S. 37ff.

[12] Ders.: S. 61

[13] Vergl.: www.brigitte.de/gesund/balance/rhythmus_medizin/index.html

[14] Vergl.: Jochen Müsseler/Wolfgang Prinz (Hrsg.): Lehrbuch Allgemeine Psychologie, Heidelberg 2002, S. 46

[15] Vergl.: ttp://www.nidm.com/site/download/pdf/chapman.pdf

[16] Fred P. Gallo: Energetische Psychologie, Kirchzarten 2000, S. 217ff.

[17] Roger J. Callahan: Der unwiderstehliche Drang, Freiburg 1995, S. 92

[18] Stefan Klein: Der Stoff, aus dem das Leben ist. Reinbek 2006, S. 136

[19] Lambrou/Pratt: Emotionale Befreiung, Reinbek 2005, S. 114

[20] Silvia Hartmann: Emotionale Freiheit, Kirchzarten 2004, S. 41

[21] Anthony de Mello: Der springende Punkt, Freiburg 2006, S. 72

[22] Stefan Klein: Die Glücksformel, Reinbek 2004, S. 16

[23] Ders.: S. 238

[24] William Arntz et al.: Bleep, Kirchzarten 2006, S. 154

[25] Erich Fried »Es ist was es ist. Liebesgedichte, Angstgedichte, Zorngedichte«, Berlin 1996

[26] David Servan-Schreiber: Die neue Medizin der Emotionen, München 2006, S. 25

[27] Martin E. P. Seligman: Der Glücks-Faktor, Bergisch Gladbach 2002, S. 184

[28] Vergl.: Clemens Kuby: Heilung. Das Wunder in uns. München 2005, S. 205

[29] siehe Fußnote 4: Kinesiologie

[30] Mihaly Csikszentmihalyi: Lebe gut!, Bergisch-Gladbach 2003, S. 20

[31] Martin E. P. Seligman: Pessimisten küsst man nicht, München 2001, S. 86

[32] Martin E. P. Seligman: Pessimisten küsst man nicht, München 2001

[33] Vergl.: www.Alexithymie.de

Das Einführungsbuch für jeden - der EFT-Bestseller von Erich Keller

Emotional Freedom Techniques (EFT) ist eine völlig neuartige, einfach zu erlernende Methode, mit der man sich selbst von Phobien, psychosomatischen Schmerzen, Depressionen, inneren Zwängen und Beziehungsproblemen befreien kann. Durch Affirmation und das rhythmische Berühren bestimmter Akupressur-Punkte verlieren sich alle Arten von inneren Blockaden mit ein bis zwei Anwendungen in wenigen Minuten.

ERICH KELLER
Endlich frei! Mit EFT
€ 7,95 · 160 Seiten
ISBN: 978-3-548-74278-6

ERICH KELLER
Endlich frei in der Partnerschaft
Geb. € 16,– · 182 Seiten
ISBN: 978-3-7934-2016-3